la **verdad** hace
libre a las mujeres

la **verdad** hace
libre a las mujeres

J. LEE GRADY

CASA
CREACIÓN

Visite la página web del autor: www.themordecaiproject.org

Library of Congress Control Number: 2014948849
ISBN: 978-1-62998-302-8
E-book: 978-1-62998-303-5

Nota de la editorial: Aunque el autor hizo todo lo posible por proveer teléfonos y páginas de internet correctas al momento de la publicación de este libro, ni la editorial ni el autor se responsabilizan por errores o cambios que puedan surgir luego de haberse publicado.

Partes de este libro fueron previamente publicadas en el libro *25 preguntas difíciles sobre las mujeres y la Iglesia* por Casa Creación, ISBN 978-0-88419-982-3, copyright © 2003.

Impreso en los Estados Unidos de América
14 15 16 17 18 * 7 6 5 4 3 2 1

Este libro está dedicado a Lane Holland, una querida hermana en Cristo de Atlanta, Georgia, quien fue pastora, guerrera de oración y madre espiritual para muchos. Falleció en 2014 pero su inversión en las vidas de aquellos a quien sirvió de mentora sigue viva.

CONTENIDO

La Iglesia, de muchas formas, es una especie de campo del alfarero, donde los dones de las mujeres, como tantos desconocidos, están enterrados. ¿Hasta cuándo, Señor, cuánto tiempo antes de que el hombre ruede la piedra y podamos ver una resurrección?[1]

—PHOEBE PALMER (1807-1874)

PREDICADORA ESTADOUNIDENSE Y REFORMADORA SOCIAL

INTRODUCCIÓN

La MUJER QUE escribió las palabras en la página anterior, murió más de una generación antes de que las mujeres en los Estados Unidos ganaran el derecho a votar. Sin embargo, esta intrépida predicadora de la santidad, condujo al menos a veinticinco mil personas a Cristo durante sus años de ministerio. También trabajó arduamente ayudando a los pobres y a los necesitados. Hija de un ministro metodista, Phoebe Palmer dirigió campañas para la reforma en las cárceles, auxilió a las mujeres sin recursos y fundó una misión de ayuda en uno de los peores barrios de la ciudad de Nueva York. Sin embargo, a pesar de sus buenas obras, la puerta de las oportunidades a menudo se cerraba en su cara cuando se paraba a predicar.

Los líderes de la Iglesia entre los años de 1840 y 1850 creían que las mujeres debían permanecer calladas en la Iglesia. Usaban un pasaje del apóstol Pablo de su Primera Carta a los Corintios como un mandato firme para todos los tiempos. Esperaban que las mujeres siempre permanecieran pasivas e invisibles. Aún así, un fuego ardía en el espíritu de Phoebe Palmer; un fuego que ella creía que había sido encendido por el Espíritu Santo. Ella no se atrevía a apagarlo.

En la época de la señora Palmer hubo unos pocos hombres que reconocieron que el fuego de la unción del Espíritu Santo verdaderamente ardía en los corazones de las mujeres. Y esos hombres arriesgaron su reputación al dar a las mujeres la oportunidad de ministrar públicamente. De hecho, el gran evangelista estadounidense Charles Finney desafió las tradiciones religiosas de su tiempo cuando defendió el derecho de Palmer para tomar la palabra en reuniones grandes de la Iglesia, incluso cuando había hombres en la audiencia.

Cuando le pidieron que defendiera su derecho para predicar, Palmer, elocuentemente, explicó que las palabras de Pablo en 1 Corintios 14:34, "Vuestras mujeres callen en la congregaciones", no eran para aplicarse a todas las mujeres en todas las congregaciones. "El apóstol," explicó Palmer, "estaba corrigiendo un problema específico, a una iglesia en particular, en un tiempo determinado de la historia. Aplicar sus palabras para las mujeres de hoy sería un gran error", les dijo. Palmer escribió:

> Sin dudas es evidente que las irregularidades que aquí se denuncian (1 Cor. 14) eran específicas de la iglesia de Corinto, de hecho, podemos suponer que incluso no se aplicaban a otras iglesias cristianas de los días de Pablo, mucho menos para las iglesias cristianas de estos tiempos...oh, el interminable peso de responsabilidad con el cual la Iglesia está comprimiéndose a sí misma a través de las influencias deprimentes de este error. ¿Cómo puede levantarse mientras los dones de las tres cuartas partes de sus miembros están sepultadas en medio de ella?[2]

Palmer escribió esas palabras hace más de ciento cincuenta años. Hoy todavía muchos siguen en lo mismo. Aunque las mujeres en los Estados Unidos tienen libertad civil, derechos iguales en puestos de trabajo y la completa protección de la ley, muchos líderes de la Iglesia siguen apagando el fuego que alguna vez ardió en nuestras hermanas. Se les niega igualdad de derechos para participar en la vida de la Iglesia y se les cierra la puerta a las oportunidades para liderazgo. Les animan a ser pasivas, como si la timidez fuera una virtud. Les decimos a las mujeres que creen que Dios les ha dado dones de liderazgo, de profecía, de pastorado o de predicación que están equivocadas y mal orientadas.

Mientras tanto, alrededor del mundo, las mujeres permanecen en una severa esclavitud, espiritual y cultural. Aquellas que viven en naciones budistas, hindúes e islámicas sufren de una crueldad inaudita y no tienen derechos civiles para oportunidades educativas. En Latinoamérica el problema de la violencia doméstica y el abuso sexual hacia las chicas es desenfrenado. Sin embargo, la Iglesia parece impotente para proteger a las mujeres porque su teología equivocada en realidad fomenta el abuso. En África, el dominio masculino en la Iglesia no ha estado dispuesto a traer las reformas necesarias para obtener la protección legal básica para las viudas y las mujeres que son maltratadas. Estos problemas nunca se resolverán hasta que los hombres en la Iglesia dejen los prejuicios hacia el género femenino y liberen a las mujeres para cumplir con el llamado que Dios les ha dado.

Antes de que leas este libro, permíteme dejar claro que soy un defensor radical de la igualdad de la mujer. *La verdad hace libre a las mujeres* no es un libro cristiano que precisamente les dice a las mujeres que se sienten calladamente y de manera obediente en la parte de atrás de la iglesia. No necesitamos más de esos libros. Nuestra generación necesita algunas Phoebe Palmer valientes que estén dispuestas a desafiar la cultura. A mis hermanas en Cristo les han dicho por bastante tiempo que se callen y que regresen a su asiento. Es tiempo de una reforma.

Yo creo que necesitamos más mujeres predicadoras, más mujeres misioneras y en efecto, más mujeres pastoreando. También necesitamos más mujeres reformadoras que alcen sus voces en contra de la corriente del mal que amenaza con hundirnos en este tiempo; y eso quiere decir que más mujeres cristianas deben llevar su influencia religiosa a los negocios y al gobierno. Ya que mi esposa y yo tenemos cuatro hijas, defender a las mujeres es parte de mi naturaleza. No estaré satisfecho hasta que la Iglesia adopte un paradigma radicalmente diferente que permita a las mujeres iguales oportunidades, basadas no en su género sino en los dones dados por la unción del Espíritu Santo.

Aclaro que no estoy llamando a que las mujeres sean usurpadoras rebeldes de autoridad que exijan sus derechos. El feminismo secular a menudo se caracteriza por un tono de enojo y venganza y un espíritu de odio a los hombres. Es necesario que las mujeres cristianas llamadas al ministerio caminen en la humildad y la mansedumbre de Jesucristo quien fue un modelo de líder servidor. Del mismo modo, los líderes masculinos de la iglesia deben ejemplificar ese mismo espíritu humilde de Cristo, y no podemos hacer eso si no reconocemos a nuestras hermanas como compañeras iguales y coherederas.

Desde que hice mi primer libro con este tema, *10 mentiras que la Iglesia le dice a las mujeres*, publicado en el año 2000, me han llamado de muchas maneras: "cristiano feminista", "igualitario", "liberal", y "hereje". Los apodos no me molestan porque siempre supe que tendría oposición si sacaba la cara para defender a mis hermanas, pero puedo asegurarte que para probar este punto no estoy tergiversando la Biblia. Yo creo al cien por ciento en la veracidad de la Escritura y no tengo una agenda teológica "liberal". Sin embargo, creo que los cristianos evangélicos conservadores, con los cuales me identifico por completo, a menudo interpretan la Biblia a través de las lentes de sus propios prejuicios, en vez de hacerlo por la inspiración del Espíritu Santo. Es por ello que necesitamos tan desesperadamente la dirección del Espíritu Santo mientras estudiamos las Escrituras que tratan acerca de las mujeres y de los problemas en cuanto al asunto de los géneros. Como una maestra de la Biblia, Fuchsia Pickett, decía a menudo: "Debemos dejar de leer nuestros prejuicios en la Biblia y comenzar a leer lo que el Espíritu nos está diciendo en el texto".

Desde que mi libro *10 mentiras que la Iglesia le dice a las mujeres* se lanzó a la venta, yo ya había dirigido decenas de conferencias para mujeres, desafiado a los líderes de las iglesias para que reconsideraran sus puntos de vista acerca de este tema, e incluso llevé mi mensaje a África, Asia y Latinoamérica. La respuesta fue alentadora, aunque una de las mayores librerías cristianas se niega a vender el libro, debido a una política de su denominación que restringe a las mujeres de ocupar posiciones pastorales.

El ser excluido de una librería me ha ayudado a identificarme un poco con el rechazo que experimentan las mujeres día a día. Lo que es más preocupante son las cartas que he recibido de mujeres que sienten que han sido golpeadas, literalmente y en sentido figurado, por sus esposos cristianos, pastores y líderes de las iglesias. Yo no tenía idea de que el abuso físico era común en los matrimonios cristianos, hasta que comencé a oírlo de las víctimas. Tristemente muchas de estas mujeres que son golpeadas han tenido que irse de la iglesia para encontrar ayuda física y psicológica, ya que muy pocos pastores están preparados para tratar el problema. A menudo, a las mujeres se les ha ordenado simplemente "someterse" cuando están soportando el abuso físico en sus matrimonios. Algunas de ellas terminan en el hospital como resultado de este abuso. Conocí el caso de una mujer que fue asesinada porque se sometió obedientemente a los golpes de un esposo, el cual formaba parte del diaconado en su iglesia.

Las mujeres también han soportado una increíble injusticia cuando se trata de la exclusión de las oportunidades en el ministerio. Los seminarios evangélicos toman el dinero de las mujeres y las entrenan; pero después, las mismas instituciones que ellas apoyan a menudo les niegan un lugar para ministrar. Las denominaciones dicen una cosa y hacen otra cuando se trata de darles posición y autoridad a las mujeres. Los pastores les dicen a las mujeres solteras que no pueden tener una posición en la iglesia hasta que no tengan un esposo cristiano y estén bajo su cobertura, aunque el mismo estándar no se aplica a los hombres solteros. Y miles de mujeres que se sienten llamadas para servir al Señor en ciertos puestos quedan atadas de pies y manos porque sus esposos cristianos, por alguna razón, se oponen.

Este libro fue escrito como respuesta a las muchas preguntas que recibí de las mujeres después de que leyeron mi primer libro o me oyeron hablar en alguna conferencia. He tratado de escribir estas respuestas con la mayor sencillez y claridad posibles, sabiendo que se han escrito varios libros con respecto a muchas de las preguntas que aquí se tratan. Lo presento como una guía exhaustiva que nos ayudará a tratar los muchos problemas que las mujeres enfrentan en su matrimonio o en su ministerio. Oro para que este libro ayude a sacar todas esas dudas a la luz; las hemos ocultado lo suficiente.

Es lamentable que sigamos haciendo estas preguntas en pleno siglo XXI. El Espíritu Santo ha usado a las mujeres de formas poderosas desde el día de Pentecostés, desde las valientes mujeres mártires del primer siglo hasta el actual ejército creciente de mujeres fundadoras de iglesias en China. Sin embargo, los hombres siempre han encontrado la manera de poner obstáculos, trazar líneas y poner restricciones a las mujeres. Hemos malinterpretado y tergiversado versículos de la Biblia para apoyar nuestros propios prejuicios y, por ignorancia y esclavitud a mentalidades religiosas, les hemos dicho a nuestras hermanas que su género las descalifica para una completa participación.

Mientras tanto, en el hogar, a las mujeres cristianas se les ha dicho que Dios espera que vivan en un estado de sujeción, como si fueran ayuda secundaria en vez de compañeras iguales en su matrimonio. Aunque la Escritura claramente nos dice que los esposos y las esposas deben disfrutar de una relación de reciprocidad, intimidad y compañerismo, a menudo les enseñamos a los hombres que es aceptable que vean su rol de esposo como algo dominante y superior. Este punto de vista pagano y jerárquico ha terminado en un porcentaje de divorcios altísimo entre los cristianos creyentes de la Biblia así como en un problema creciente de abuso en el hogar, del cual a muchos líderes cristianos no les gusta hablar.

El apóstol Pablo, que contó con mujeres como Priscila, Febe, Evodia y Síntique para viajar junto a él en su equipo apostólico, retó a la iglesia de Galacia a romper con la mentalidad religiosa y legalista. Aunque los cristianos gálatas habían recibido un mensaje de gracia puro, habían quedado "fascinados" por el espíritu de religión (Gl. 3:1). Es interesante que fuera a esta iglesia, que había llegado a paralizarse por las tradiciones y doctrinas de hombres, a la que Pablo escribió sus palabras más famosas con respecto al problema de los géneros.

Ya no hay judío ni griego; no hay esclavo ni libre, no hay varón ni mujer; porque todos vosotros sois uno en Cristo Jesús.

—Gálatas 3:28

Las palabras de Pablo fueron una especie de Declaración de Independencia, un decreto de liberación para todos aquellos que serían excluidos de la vida de la iglesia por fariseos con mentalidad religiosa. De hecho, algunos eruditos llaman la cita de Gálatas 3:28 "La Carta Magna de la Humanidad".[3] En este versículo Pablo declara que la Iglesia no será un club de chicos santos controlados por fuerzas patriarcales adineradas. No, Dios no reconoce a ninguno por su color de piel, clase económica o género. Los dones del Espíritu Santo y los llamados al ministerio se distribuyen libremente, como el Espíritu lo decide (véase 1 Corintios 12:11).

El mensaje de Pablo no puede ser más claro, Gálatas 3:28 destruye el racismo, el clasicismo y el prejuicio por los géneros. Todavía en la actualidad existen voces religiosas que buscan reinterpretar lo que Pablo dijo de una manera muy clara. Dicen ser literatos bíblicos y hablan de este pasaje arrogantemente tratando de explicar lo que Pablo quiso decir.

Es con el espíritu de Gálatas 3:28 que ofrezco este libro. Oro para que en el tiempo de vida que yo tenga, el Cuerpo de Cristo se deshaga de las limitaciones de un pensamiento religioso carnal para que podamos descubrir qué tanto hará Dios a través de nosotros cuando le permitamos al Espíritu Santo tener un completo control de su gente. Estoy ansioso por ver lo que pasará cuando el sueño de Phoebe Palmer se vuelva realidad, y los dones espirituales de mis hermanas, que están enterrados, sean despertados y reactivados para el beneficio del Reino de Cristo.

Pregunta 1

PERDONA A LOS HOMBRES DE TU VIDA

PHe experimentado abuso emocional, sexual e incluso físico por parte de algunos hombres que hubo en mi pasado y como resultado siento enojo y falta de perdón hacia los hombres. ¿Habrá una forma de encontrar total libertad para el resentimiento que siento?

AL VIAJAR ALREDEDOR del país dando conferencias acerca de temas como el abuso en el hogar y otros temas relacionados, me he sentido aterrado por el alto grado de crueldad que está ocurriendo en los hogares cristianos. En el año 2001 hablé en un evento de hombres acerca de "Cómo liberarnos del orgullo masculino". Cuando presenté mi último punto, les pedí a los hombres que estaban en la audiencia que inclinaran sus cabezas, después pedí que se pusieran de pie aquellos que estuvieran dispuestos a admitir que actualmente estaban involucrados en alguna forma con el abuso físico dirigido hacia sus esposas.

"Cuando hablo de abuso físico, no solo me refiero a palabras crueles o a gritos llenos de ira", les dije a los hombres que en su totalidad profesaban haber experimentado el nuevo nacimiento y eran miembros activos de su iglesia. "Me refiero a golpear a sus esposas, arrojarles cosas, empujarlas contra la pared o cualquier otra forma de crueldad física". Después les pedí a los hombres que se levantaran.

Se hizo un silencio en la habitación, era el momento de la verdad. Me preguntaba si el orgullo o el miedo a ser expuestos impediría que estos hombres llegaran a ser transparentes en cuanto a su pecado que era tan vergonzoso; pero, para mi sorpresa, más de veinte hombres se levantaron, en una habitación donde había alrededor de ciento cincuenta personas. Y ese número representó solamente aquellos que estuvieron dispuestos a admitir su problema.

Para mí fue muy emocionante ver a aquellos hombres con sus

manos levantadas hacia el cielo, algunos de ellos conteniendo su llanto mientras se humillaban ante Dios. Para muchos de ellos era la primera vez que admitían ante alguien que luchaban con ese mal hábito. Finalmente, cuando su horrible pecado fue confrontado y traído a la luz de la presencia de Dios, encontraron gracia para arrepentirse y obtener liberación de un problema que controlaba sus vidas.

Unos meses después dirigí una reunión de mujeres más o menos de la misma cantidad que la de hombres, donde también hablé del mismo tema. Al término de mi mensaje, les pedí a las mujeres que se acercaran al altar si sus esposos estaban golpeándolas o sometiéndolas a algún otro tipo de crueldad física. Al menos una cuarta parte de las mujeres que había en la habitación se acercaron hasta la plataforma, muchas de ellas llorando incontrolablemente. Otro grupo enorme se unió a ellas en el altar cuando pregunté por aquellas que estaban experimentado abuso emocional en sus matrimonios.

Es necesario que lo enfrentemos: hay una epidemia de abuso en el hogar esparciéndose a través de la Iglesia, y la mayoría de líderes cristianos no están trabajando en contra de este problema. Normalmente este tema solo se toca de una manera superficial porque los pastores se sienten incapaces y sin saber cómo aconsejar a los abusadores (o, en algunos casos trágicos, se debe a que los mismos pastores están abusando de sus esposas). Tristemente, en algunos casos los pastores realmente utilizan versículos de la Biblia acerca de la sumisión de las esposas para alimentar esta epidemia de abuso.

De acuerdo al Dr. John Kie Vining, de Tennessee, experto en consejería traumática, en los Estados Unidos una mujer es golpeada cada 7.4 segundos. El abuso en el hogar es la mayor causa de lesiones en las mujeres en este país, sucede más frecuentemente que las violaciones, accidentes automovilísticos y asaltos.[1]

Considere estos datos sobre la violencia doméstica que fueron compilados en 2012 por la escritora feminista Soraya Chemaly:

✦ Mientras 6614 soldados estadounidenses murieron en el conflicto de Irak y Afganistán hasta el momento, casi el doble de mujeres, 11766, murieron como resultado de la violencia doméstica en los Estados Unidos.

✦ En los Estados Unidos veinticuatro personas por minuto experimentan violencia de pareja.

✦ Una de cada cuatro mujeres en los EE. UU. reportan violencia por parte de su pareja. A nivel mundial, una de cada tres mujeres sufrirá violencia por parte de su pareja.

✦ En Pakistán 943 mujeres fueron asesinadas en 2011 en los llamados "crímenes de honor".

✦ Se estima que diez millones de niños en todo el mundo están expuestos a la violencia doméstica cada día.

✦ La Asociación de Abogados de Estados Unidos informa que la causa número uno de muerte en mujeres afroamericanas, de entre 15-34 años, es el homicidio a manos de una pareja.

✦ Se estima que una mujer estadounidense es golpeada por su agresor un promedio de treinta y cinco veces antes de que ella notifique a la policía.

✦ En los Estados Unidos más de tres mujeres al día son asesinadas por su cónyuge.[2]

Cuando hablé en una conferencia para mujeres en México, a finales de 2002, aprendí qué tan seria es la violencia en el hogar en los países de Latinoamérica, donde el machismo y el dominio masculino es una norma cultural. Algunas de las mujeres que asistieron a mis reuniones estaban encorvadas porque sus esposos regularmente las golpeaban; aparentemente en una actitud de sumisión. Conocí a mujeres que habían sido estranguladas, escaldadas, abofeteadas y hasta golpeadas con palos. Esas mujeres tenía una autoestima muy baja, algunas de ellas estaban viviendo en una cárcel de depresión. Otras, albergaban pensamientos de suicidio porque no veían ninguna esperanza para escapar de la violencia que soportaban en sus propias casas. Algunas de ellas habían desarrollado enfermedades físicas debido al estrés ocasionado por un abuso crónico.

La esposa de un pastor, cuyo esposo en un tiempo había sido físicamente abusivo con ella pero ya se había arrepentido y se había librado de esta conducta, me contó sobre lo frecuente que es la violencia en los hogares de los pastores en México. "No es raro para mí recibir una llamada del hospital, de la esposa de un pastor," me comentaba ella. "Esa mujer se encuentra ahí porque su esposo la ha golpeado, pero nadie en su iglesia sabe lo que está sucediendo en su hogar".

La primera vez que hice un llamado al altar en una conferencia en México me quedé sorprendido. Me sentí abrumado cuando más de cien mujeres se apresuraron al frente del auditorio para recibir una oración por sanidad debido a los efectos del abuso cultural y doméstico. Cuando oraba por ellas a menudo lloraba, como si estuviera sintiendo una parte de su dolor. Era demasiado para soportarlo. Y en un español chapurreado oré por ellas: "¡Rompo el poder de la opresión en el nombre de Jesús!".

También reuní a un grupo de hombres en el altar, y nos arrodillamos en la plataforma frente a las mujeres. Después, algunos de nosotros nos arrepentimos ante el Señor, frente a nuestras hermanas, por la forma en que los hombres habíamos tratado a las mujeres, tanto en nuestros hogares como en las iglesias. Oramos así:

Padre, hemos mirado por encima del hombro a las mujeres y las hemos tratado como a ciudadanas de segunda clase. Hemos esperado que nos sirvan, que den a luz a nuestros hijos y que cuiden nuestros hogares, pero no las hemos honrado, respetado, valorado como personas ni tratado como los preciosos regalos que son para nosotros. Perdónanos, Señor, por toda la agresión verbal, el abuso físico, las exigencias rigurosas, el dominio impío sobre ellas y las actitudes arrogantes que las hirieron tan profundamente.

Las mujeres mexicanas gemían mientras veían a estos hombres arrepentirse públicamente. Muchas de ellas no podían creer lo que estaban viendo frente a sus ojos, porque ni siquiera una sola vez habían visto a un hombre arrepentirse abiertamente por algo, mucho menos por crueldad hacia las mujeres. Una poderosa ola de sanidad se desató sobre la multitud mientras los hombres se humillaban y las mujeres encontraban una nueva gracia en ese momento para perdonar a los hombres que las habían herido.

Las mujeres en México no están solas. He visto esta escena repetirse en Perú, Ecuador, Venezuela, Guatemala, El Salvador, Nigeria, Kenia, Malawi y la India. Por todo el mundo, el orgullo varonil y las actitudes culturales de superioridad masculina han causado terribles heridas en las mujeres. Para algunas, el abuso comenzó temprano cuando sus padres u otros parientes masculinos abusaron de ellas sexualmente. Otras perdieron su inocencia cuando sus novios las violaron. Algunas mujeres se casaron con el hombre de sus sueños y entonces, después de la luna de miel, despertaron a una pesadilla de violencia física que duró por años. He orado por mujeres en Sudáfrica que fueron violadas por maridos que eran VIH positivos. Cuando se atrevían a hablar del abuso, incluso con un pastor cristiano, a menudo las culpaban por el abuso, o se les decía: "ve a casa y sométete", para encontrar más crueldad.

Y permítanme decir esto a todas mis hermanas en Cristo: Este abuso está mal. Y lamento mucho que la Iglesia ha fallado en tratarlo de una manera franca y valiente. Dios nunca tuvo la intención de que las mujeres sufrieran al ser víctimas del abuso doméstico; ese nunca fue el plan de Dios. El creó a la mujer a su imagen. Él quiso que las mujeres y los hombres se relacionaran como iguales. En el matrimonio Él quería que las mujeres funcionaran como compañeras junto con sus esposos, y no como una especie de accesorio inferior. Dios nunca planeó que la esposa viviera pisoteada por el esposo, como si fuera una sirvienta.

Si actualmente estás viviendo en una situación de maltrato físico, debes buscar ayuda. No trates de manejar esta crisis sola. Busca una amiga cristiana madura espiritualmente y pide oración y apoyo. Si el abuso es de naturaleza física peligrosa, debes salir de ese ambiente tan pronto como sea posible. Tu vida podría correr riesgo. Busca la ayuda de tu pastor y pide consejo sobre cómo notificar a las autoridades si es necesario. Puede que tengas que trasladarte a la casa de una amiga o un refugio de violencia doméstica para protegerte y proteger a tus hijos. Hagas lo que hagas, no arriesgues tu vida ni la seguridad de tu familia al asumir que tu pareja va a actuar de otra manera "la próxima vez".

Si has sufrido de abuso en el pasado, probablemente te han presionado para que te culpes a ti misma. Muchas mujeres que fueron abusadas sexualmente de niñas crecen creyendo que hicieron algo realmente pecaminoso que provocó el acto del abuso. Otras mujeres que han soportado golpes u otras formas de crueldad física, también han dicho que el abuso no hubiera ocurrido si ellas hubieran sido "más sumisas" o menos exigentes. ¡Todo eso es mentira! Indudablemente Dios no te culpa por las acciones de otros, debes liberarte de la esclavitud de este engaño. El abuso no fue culpa tuya.

Quizás un hombre nunca haya abusado de ti física o verbalmente, pero luchas con sentimientos de rencor hacia alguno que te hirió en el pasado por sus prejuicios, sus odiosas actitudes, su machismo, insensibilidad u orgullo. Dios no quiere que las acciones pecaminosas de ese hombre controlen tu vida por más tiempo. Existe una manera de liberarse de este sufrimiento.

La solución es simple: *debes perdonar.* No hay otra opción. No importa lo que te hayan hecho. Y no importa cuántas veces tu esposo, u otro hombre, haya abusado de ti; debes perdonarlo de corazón.

Esto no significa que debes tolerar esa conducta (porque no debes hacerlo), ni que debes permanecer en una relación de abuso (al contrario, debes dejarla inmediatamente). Perdonar al hombre que abusó sexualmente de ti no significa que no debe ser entregado a la policía; perdonar a un hombre que te golpea regularmente no significa que debes esconder lo que hace. Pero el perdón será una llave para tu propia libertad emocional. No importa lo que tu padre te haya dicho, debes perdonar. No importa que un novio desinteresado te violara cuando eras una adolescente, debe perdonar. No importa cómo el jefe te trató en el trabajo, debes perdonar. No importa si ese pastor devaluó tus dones espirituales por ser mujer y se las agenció para negarte oportunidades en el ministerio, debes perdonar.

¿Por qué es tan importante el perdón? El autor John Bevere en su libro *La trampa de Satanás*, nos recuerda que la palabra griega para "ofensa", que es *skándalon*, se refiere a la parte de la trampa donde se coloca la carnada.³ Eso nos enseña que las heridas y las ofensas se convierten en un engaño espiritual que el diablo usa para que caigamos en sus trampas. Satanás sabe que si es capaz de atraernos para que lleguemos a estar enojados o amargados con otra persona, puede mantenernos en una cárcel de rencor, y ahí es donde el diablo nos quiere, porque el rencor y el odio son su misma naturaleza.

Dios no quiere que estés enredada de esta manera. Independientemente de cuán injustamente nos hayan tratado, su Palabra siempre dice: "Si tienes algo en contra de alguien, perdona". (Ver Mateo 5:24). Si nos aferramos a nuestras heridas escogemos vivir dentro de una prisión de tormento emocional; en cambio, el perdón abre la puerta de la prisión y nos hace libres.

Pero, ¿cómo sabemos que hemos perdonado verdaderamente a una persona? Algunas personas equivocadamente suponen que tienen que olvidar por completo aquel incidente dañino o incluso puede que intente fingir que realmente nunca sucedió. El verdadero perdón no se trata de fingir ni de jugar con nuestra mente, es simplemente una decisión que tomamos, por la gracia de Dios, en la cual incondicionalmente, soltamos la amargura que sentimos en nuestros corazones hacia alguien que nos ha tratado injustamente.

En su excelente libro *Perdón total*, el autor R. T. Kendall menciona varias maneras de saber si una persona ha perdonado verdaderamente a otra, de corazón. De acuerdo a las observaciones de Kendall, seguramente querrás hacerte las siguientes preguntas:

+ ¿Has dejado de llevar una lista mental de los errores que esa persona ha cometido en contra tuya?

+ ¿Todavía quiere desquitarse con esa persona? ¿Fantaseas visualizando a esa persona, ya sea él o ella, castigada, "recibiendo su merecido"? ¿O solamente deseas verla recibiendo misericordiapor lo que hizo?

+ ¿Sigues diciéndoles a otros los pecados de esta persona, de manera que puedas dañar constantemente su reputación? ¿O puedes hablar acerca de esa persona de una manera amable?[4]

Si sigues luchando para poder perdonar a un hombre que te hirió en el pasado (o que actualmente te está lastimando de alguna manera), recuerda la crueldad y el abuso que Jesús enfrentó cuando estaba en la tierra. Él era el Hijo de Dios y merecía ser tratado como el Rey de reyes; sin embargo, fue incomprendido y criticado por los propios miembros de su familia, castigado por los líderes religiosos de sus días y escarnecido por las multitudes. Los fariseos se burlaron de Él y le dijeron que tenía un demonio, los bárbaros guardias romanos lo escupieron, le arrancaron su carne a latigazos y después lo ejecutaron como si hubiera sido un criminal común. Luego, la gente a la que Jesús vino a salvar se quedó sin hacer nada ante su cruz y vitoreaban mientras lo crucificaban.

¿Qué dijo Jesús ante toda esta injusticia y maltrato? "Padre, perdónalos, porque no saben lo que hacen" (Lc. 23:34). R. T. Kendall comenta lo siguiente acerca de la respuesta de Jesús:

Pedirle al Padre que los perdonara, mostró que no solamente Él los había perdonado y liberado de su culpa sino que también le pidió al Padre que no los castigara ni se vengara de ellos. No era una oración superficial, Jesús la dijo en serio ¡y fue gloriosamente contestada! Aquellos ofensores fueron los mismos a quienes Pedro habló el día del Pentecostés y se convirtieron (ver Hechos 2:14-41).[5]

Yo le suplicaría hoy: No permitas que el enojo, el resentimiento y la amargura arruinen tu vida. No importa qué tan injustamente has sido tratada, no tienen el derecho de juzgar a ninguna persona.

Conozco a muchas mujeres que han sido ofendidas por pastores machistas que no les proporcionaron una plataforma para el ministerio. Estos hombres tuvieron actitudes equivocadas y no voy a justificar su mala conducta, pero si desarrollas un espíritu de amargura, Dios se te opondrá mientras buscas otras oportunidades para el ministerio; tu rencor siempre te impedirá encontrar una completa satisfacción en el ministerio porque las personas descubrirán que tienes un interés personal. El rencor es tóxico. El enojo que hierve dentro de ti envenenará tus emociones, torcerá tu personalidad, dañará tu cuerpo e infectará a la gente que está a tu alrededor.

Suelta tus heridas, y permite que el Espíritu Santo te dé un corazón misericordioso y paciente que sea resistente a las ofensas. Te invito a hacer esta oración ahora:

Padre, tú sabes cómo _____ me ha lastimado. (Es importante para ti decir el nombre o los nombres en voz alta.) Tú sabes que lo que él me hizo no estuvo bien, pero ahora reconozco ante ti que no tengo ningún derecho a seguir guardando resentimientos en su contra. Hoy escojo perdonarlo, y abandono todo deseo de verlo castigado. Padre, en vez de eso te pido que extiendas a él tu misericordia, no le des su merecido; por el contrario, alcánzalo y perdona sus pecados, así como has perdonado los míos. En el nombre de Jesús, amén.

Pregunta 2

¿QUIÉN ES EL JEFE?

Mi esposo, que es cristiano, a menudo cita pasajes bíblicos que apoyan que él es la cabeza espiritual de nuestro hogar. ¿La Biblia realmente dice que un esposo es el "jefe" supremo de la familia? Si es así, no creo que mi matrimonio pueda sobrevivir.

VERDADERAMENTE, ES TRÁGICO cuando una mujer y un hombre cristianos no pueden aprender a vivir en armonía como pareja en su matrimonio. Ambos tienen al Espíritu Santo y acceso a su reserva infinita de paz y amor. Sin embargo, incluso esposos y esposas que afirman amar a Dios y creer en la Biblia, hoy día se están divorciando en un porcentaje alarmante. ¿Por qué?

Obviamente, todos llevamos nuestra naturaleza pecaminosa al matrimonio. Solo porque dos personas sean cristianas no significa que no traigan a su relación todo tipo de cargas emocionales, malos hábitos, adicciones, mentalidades que no son bíblicas y tendencias generacionales.

Pero creo que una razón principal del trastorno matrimonial en los hogares cristianos es que hemos empleado e interpretado mal los pasajes de la Biblia que se refieren a la autoridad del esposo. Hemos fomentado una jerarquía en el matrimonio, cuando lo que Dios quería era *intimidad* y *compañerismo*. Esta visión distorsionada ha creado un fundamento frágil en muchos hogares cristianos, que los conduce a conflictos, desconfianza y, en algunos casos, al abuso.

Me voy a permitir dar un ejemplo acerca de cómo la Biblia ha sido distorsionada para traer una tremenda opresión y dolor emocional a la vida de las mujeres. Una mujer (la llamaré Cindy) quería desesperadamente un bebé, pero la diagnosticaron como estéril. A pesar de muchos procedimientos médicos y numerosos experimentos con medicamentos para fertilidad, nada cambió. El esposo de Cindy (al que llamaré Mark) sugirió que pensaran en la adopción, pero Cindy no estaba lista emocionalmente para desistir a la idea de tener un hijo propio.

En ese momento, un esposo afectuoso habría tratado de entender la desilusión de su esposa y hubiera reaccionado con amor y paciencia para con ella. Pero eso no fue lo que pasó, Mark decidió que como él era "la cabeza del hogar", era su prerrogativa tomar una decisión definitiva, después de todo era el jefe y llevaba la batuta. Le dijo a Cindy que había decidido que debían adoptar un niño, e incluso le exigió que estuviera de acuerdo con aquel arreglo. Cuando ella protestó, Mark se dirigió a los ancianos de su iglesia evangélica conservadora y les dijo que Cindy no estaba viviendo bajo sumisión y estaba siendo rebelde.

Sorprendentemente, los líderes de la iglesia se pusieron del lado de Mark y le dijeron a Cindy: "La Biblia pone muy en claro que debes estar de acuerdo con la decisión de tu esposo, él es el líder de tu hogar". Cuando ella protestó, los pastores le pidieron que compareciera ante un grupo de miembros de la iglesia, para que así pudiera ser reprendida públicamente por su falta de sumisión.

Gracias a Dios, este no es un ejemplo típico. La mayoría de los líderes en las iglesias no castigan a una mujer simplemente porque no está emocionalmente lista para adoptar un hijo. Pero tales actitudes, duras y estrictas con respecto a la autoridad masculina en el hogar, son más comunes en las iglesias de lo que nos gustaría admitir.

La mayoría de las iglesias evangélicas conservadoras en la actualidad enseñan lo que ha venido a ser conocido como *la doctrina de la "dirección" masculina*. Aunque la mayoría de los pastores y esposos cristianos no tienen una comprensión sólida de lo que realmente significa la dirección masculina (ya que tal concepto no está claramente definido en la Biblia), ellos defienden esta verdad como si fuera un principio primario de la fe cristiana. Para ellos, la Biblia dice que Dios llamó a los esposos para "estar a cargo" cuando llegan los problemas familiares. Normalmente citan: "porque el marido es cabeza de la mujer, así como Cristo es la cabeza de la iglesia, la cual es su cuerpo, y Él es su Salvador" (Ef. 5:23).

Les he pedido a algunos hombres que conozco que me digan lo que piensan acerca de la dirección masculina. Obtuve una amplia variedad de respuestas vagas, de las cuales incluí solo las siguientes:

+ Ser la cabeza de mi hogar quiere decir que tengo la responsabilidad de guiar a mi esposa y a mis hijos en las cosas espirituales como la oración, devocionales y el estudio de la Biblia.

+ Ser la cabeza de mi hogar significa que tengo una responsabilidad sacerdotal de orar por mi esposa y mis hijos; porque Dios me considera responsable de su bienestar espiritual.

+ Ser la cabeza de mi hogar quiere decir que tengo la responsabilidad. Yo soy el jefe y yo pongo las reglas.

+ Ser la cabeza de mi hogar significa que cuando mi esposa y yo no podemos ponernos de acuerdo en un asunto, mi opinión prevalece.

Algunas de estas respuestas tienen una base bíblica. Sí, el esposo sí tiene una responsabilidad de orar por su esposa y por su familia; pero, por otra parte, ¿no comparte su esposa esa responsabilidad como compañera espiritual y como madre? Sí, el esposo puede y debe proporcionar dirección en el hogar, pero ¿acaso esto invalida el liderazgo de la mujer o le da menos valor a su consejo? ¿Y qué del argumento de "yo soy el jefe"? ¿Es realmente el esposo el "jefe" en el matrimonio?

Llevo 30 años de casado y sin dudas así no es como funciona un matrimonio. Yo veo a mi esposa Débora como una compañera que está al mismo nivel que yo; somos uno, compartimos todo. Disfrutamos de una unidad física, emocional y espiritual que no se compara con ninguna otra relación humana. Cuando tenemos desacuerdos, no golpeo la mesa violentamente con el puño ni grito: "¡soy la cabeza de esta casa y tú debes hacer lo que yo digo!" (eso sería una dictadura, no un matrimonio). Si no podemos llegar a un acuerdo, decidimos orar juntos hasta llegar a un consenso.

No hay un pasaje en la Escritura que le dé a un esposo control autocrático en su matrimonio o que lo ponga sobre un trono en algún tipo de posición elevada de superioridad. De hecho, Jesús declaró que en el reino de Dios, el control dictatorial había sido reemplazado por un concepto completamente de "líder siervo" caracterizado por la humildad (véase Mateo 20:25-28). Esto significa que si un hombre cristiano está dirigiendo a su esposa de una manera rígida y autoritaria, ha adoptado un estilo de liderazgo pagano. Sin dudas no está actuando como Cristo.

El diseño de Dios para el matrimonio no es una jerarquía, sino un compañerismo amoroso, de igual, cuidado y protección que se caracteriza por una intimidad física, unidad espiritual y sumisión recíproca. Encontramos este concepto en Efesios 5:22-23, donde el apóstol Pablo explica el santo propósito de Dios para el matrimonio y la familia. Aunque este pasaje se usa a menudo para dar énfasis al liderazgo del varón en el hogar, hemos pasado por alto los puntos principales de este pasaje, así como su contexto cultural y cómo debía aplicarse a una iglesia del primer siglo en Asia Menor.

La sumisión bíblica en el matrimonio requiere de una sumisión mutua

Cuando las personas hablan de sumisión en el matrimonio casi siempre se refieren a lo que dice Efesios 5:22: "Las casadas estén sujetas a sus propios maridos, como al Señor". Los tradicionalistas casi siempre definen la sumisión como una responsabilidad única de la esposa, pero no olvidemos lo que antecede a esta afirmación, en el versículo 21: "Someteos *unos a otros* en el temor de Dios" (cursivas del autor).

Cuando uno estudia la estructura gramatical de este pasaje en el griego se da cuenta de que el versículo 21 prepara el camino para el siguiente versículo, e incluso define el verbo usado. El verbo ("someter" o "estar sujeto a") en el versículo 22 realmente no está presente sino que se entiende de acuerdo a su contexto. Y por esta razón muchas traducciones de la Biblia subrayan el verbo del versículo 22. Debería traducirse así: "*Sométanse unos a otros en el temor de Dios, las esposas a los esposos...*"

Es decir, la sumisión debe hacerse en un *espíritu de sumisión mutua*, no es en un solo sentido. Pablo hace hincapié en esta reciprocidad en otro pasaje, cuando habla acerca del tema de la sexualidad en el matrimonio. En 1 Corintios 7:4 él dice: "La mujer no tiene potestad sobre su propio cuerpo, sino el marido; ni tampoco tiene el marido potestad sobre su propio cuerpo, sino la mujer".

No es común que mucha gente cite este versículo en los seminarios para matrimonios cristianos. ¿Por qué? Porque hemos insistido tanto en la autoridad del varón que no hemos dejado espacio para la sumisión mutua. Sin embargo, la Biblia menciona que el esposo y la esposa tienen la misma autoridad en Cristo y que son llamados a someterse unos a otros, ya sea en la intimidad, en decisiones difíciles como padres, o en cualquier desacuerdo que tengan a diario.

Dirigir no quiere decir "mandar"

Al interpretar la Biblia comentemos un grave error cuando suponemos que la palabra *cabeza*, en el libro de Efesios, significa "jefe" o "gobernante". Esto no fue lo que Pablo enseñó cuando dijo: "Las casadas estén sujetas a sus propios maridos, como al Señor; *porque el marido es cabeza de la mujer*, así como Cristo es cabeza de la iglesia, la cual es su cuerpo, y él es su Salvador" (Ef. 5:22-24, cursivas del autor).

Muchos estudiosos de la Biblia han señalado que si Pablo hubiera querido usar la palabra *cabeza* para darnos a entender "líder" o "jefe", hubiera usado la palabra griega *árjon*. En muchos pasajes donde "líder" es el significado intencional, se usó la palabra griega *árjon*. Sin embargo, en este pasaje Pablo usó una palabra griega más desconocida, *kefalé*, la cual puede traducirse como "origen", "cabecera".

¿Por qué diría Pablo que el esposo es el "origen" de la esposa? Obviamente estaba haciendo una referencia a la historia de la creación en Génesis, en la cual Eva fue tomada de Adán. El génesis de la mujer fue realmente un milagro extraordinario porque fue hecha de la misma esencia del varón, tomada de su costado, y convertida en una compañera complementaria, con una personalidad propia y dignidad dada por Dios. Y como provenía del varón, ambos disfrutarían un vínculo único, diferente al que cualquier otro animal o ser humano pudieran experimentar. Eran diferentes pero tenían una unión mística.

Y notemos que Pablo también mencionó la historia de la creación en Efesios 5:31 cuando cita el pasaje de Génesis 2:24: "Por tanto, dejará el hombre a su padre y a su madre, y se unirá a su mujer, y serán una sola carne". ¿Por qué mencionaría Pablo el hecho de que el hombre deja a sus padres en esta discusión sobre el matrimonio y la sumisión?

No hemos entendido completamente este pasaje porque desconocemos cómo se vivía en la cultura de Éfeso en el primer siglo. Los estudiosos nos dicen que en este periodo las mujeres solteras estaban bajo la protección y el dominio de sus padres patriarcales. Cuando un hombre joven quería tomar a una mujer en matrimonio, tenía que obtener el permiso del padre, y pagar una dote de algún tipo para ganársela. Casarse con una chica en aquellos días era algo así como comprar una propiedad.

No obstante, después de que los dos se casaban, el padre de la chica a menudo quería ejercer su control sobre ellos, quería ser el "jefe" de este nuevo matrimonio. ¡Imagine qué difícil sería tener al suegro involucrado en cada decisión! En los tiempos romanos a este tipo de matrimonio se le llamaba "matrimonio sin autoridad". En algunos lugares la ley dictaminaba que si una mujer casada pasaba tres noches en casa de su padre durante el transcurso del año, ¡el padre podía proclamarse dueño de todos los bienes de la joven pareja![1]

Lo que Pablo realmente estaba haciendo en este pasaje era definir a la familia cristiana. La antigua cultura del Oriente Medio decía que el padre patriarca era el "jefe" de la familia, la cual incluía a la hija con su esposo. Pero Pablo no estaba de acuerdo. Él decía que cuando un hombre y una mujer se casan, la autoridad de los padres se hace nula. Un hombre y una mujer comienzan su vida juntos como una nueva unión, disfrutando la unidad que Dios les ha dado. El esposo es la "cabeza" de su esposa porque la mujer vino del varón y, por consiguiente, los dos gozan de una perfecta unidad dada por Dios.

Los esposos y las esposas son iguales

También olvidamos que cuando Pablo escribió esta carta a los Efesios, las mujeres eran prácticamente propiedad de sus esposos. No tenían derechos civiles y por lo general eran tratadas como animales domésticos, raramente se les daba alguna oportunidad de educación, y se les veía simplemente como sirvientas, objetos sexuales y cuidadoras de niños. (No olvidemos que también muchos hombres en aquel tiempo tenían varias esposas. La poligamia se practica en cualquier cultura o sistema religioso donde se ve a las mujeres como seres inferiores.)

Sin embargo, Pablo se opuso a esta visión pagana que se tenía acerca de las mujeres y predicó que el Evangelio les había traído una nueva dignidad. Les dijo a los hombres en Éfeso: "Así también los maridos deben amar a sus mujeres como a sus mismos cuerpos" (Ef.

5:28). También les dice: "Maridos, amad a vuestras mujeres, así como Cristo amó a la iglesia, y se entregó a sí mismo por ella" (Ef. 5:25).

¡En los tiempos de Pablo este era un mensaje radical! En esa época los griegos creían que las mujeres fueron creadas de materia animal, mientras que pensaban que los hombres lo fueron de materia divina. El decir: "maridos, amad a vuestras mujeres" era revolucionario en una cultura que no veía a las mujeres como merecedoras de amor y dignidad.

El apóstol Pedro llevó este mensaje más allá en su primera epístola, cuando les advirtió a los hombres que Dios no oiría sus oraciones si ellos maltrataban a sus esposas. Pedro escribió:

> Vosotros, maridos, igualmente, vivid con ellas sabiamente, dando honor a la mujer como a vaso más frágil, y como a coherederas de la gracia de la vida, para que vuestras oraciones no tengan estorbo.
>
> —1 Pedro 3:7

Observe que Pedro no niega el hecho de que hay diferencias entre el hombre y la mujer. Dios quiere que los hombres sean masculinos y que las mujeres sean femeninas. Las diferencias de género son parte del orden de la creación, pero las características del hombre, incluyendo su fuerza física, no deben ser utilizadas para dominar a su esposa. Por el contrario, Dios dice que se opondrá a un hombre si este maltrata a su esposa y le pone presión de una forma machista.

En el Reino de Dios, el fuerte debe aprender a ser manso. Según este pasaje, los hombres que honren a sus esposas como a compañeras iguales, que las estimen como "coherederas" de la gracia de Dios, disfrutarán de un verdadero poder espiritual y autoridad. Los esposos que abusan de su poder carnal intentando ser "el jefe", de hecho perderán autoridad espiritual. Por otro lado, las mujeres también deben resistir la tentación de controlar a sus maridos, a través de las quejas, los comentarios críticos persistentes, negarse a tener relaciones sexuales o la manipulación oculta. La sumisión debe funcionar en ambos sentidos para que un matrimonio funcione armoniosamente.

Esta debe ser una verdad liberadora para cualquier mujer que está viviendo actualmente con un esposo autoritario que cree que tiene un derecho innato de manipularla. Si tú te encuentras en esta circunstancia, tu matrimonio será sanado cuando ambos, el marido y la esposa, adopten una verdadera mentalidad cristiana de mutua sumisión, igualdad y unidad amorosa.

Pregunta 3

CUANDO LOS HOMBRES SE PORTAN MAL

Mi esposo afirma ser cristiano, sin embargo, me ha golpeado varias veces y también abusa de mí verbalmente. A decir verdad, le tengo miedo. Cuando le he preguntado a algunos amigos cristianos acerca de su conducta, me dicen que debo orar por él y aprender a someterme. ¿Qué puedo hacer?

ANTES QUE NADA, tienes que refutar el mal consejo que has recibido de tus "amigos" cristianos. Estoy seguro de que se preocupan por ti pero, sinceramente, están equivocados. No hay ningún lugar en la Biblia, en lo absoluto, que justifique una conducta abusiva. Tampoco hay ningún pasaje bíblico que llame a una mujer a someterse al abuso físico o emocional de su esposo.

En la actualidad muchos cristianos conservadores, incluso algunos pastores también conservadores, enseñan erróneamente que las palabras del apóstol Pablo en Efesios 5:22 ("Las casadas estén sujetas a sus propios maridos...") exigen que las esposas toleren la mala conducta de sus esposos. A muchas mujeres también se les ha enseñado equivocadamente que la Biblia dice que los hombres son superiores (y que por tanto se les debe obedecer) o que ellos tienen una mejor opinión espiritual o que son menos propensos al engaño. No obstante, esto no está acorde con ningún texto bíblico.

He escuchado terribles historias acerca de mujeres que fueron abusadas; y cuando buscaron consejería los pastores les dijeron "ve a casa y sométete", incluso cuando los esposos les arrojaban objetos, las violaban o las mandaban al hospital con un par de huesos rotos. ¡Qué consejo tan irresponsable! Si alguna vez el pastor de una iglesia te ha dado algún consejo así, debe ser enfrentado y pedirle cuentas por ponerte en peligro y por aconsejarte que Dios esperaría que toleraras el abuso.

Por eso es importante que miremos muy de cerca lo que

realmente quiere decir la Biblia cuando ruega que las mujeres se sometan a sus esposos. ¿Significa este pasaje de Efesios 5:22-23 que las esposas deben hacer cualquier cosa que sus esposos les digan, incluso si es una petición irrazonable? ¿Significa que a los esposos piadosos les corresponde dar órdenes a sus mujeres todos los días, y que esos hombres deben esperar que se les obedezca? ¿Quiere decir que las mujeres están en un estado subordinado en comparación con su cónyuge?

Muchos cristianos (incluyendo a muchas mujeres) contestarían que sí a todas esas preguntas, pero eso no es lo que demanda la Biblia. De hecho, aquellos que fomentan esta idea de dominio y superioridad masculina han aceptado un mentira diabólica que fue maquinada en el infierno y después fue cubierta con una apariencia religiosa para hacerla sonar aceptable. Innumerables mujeres cristianas han sido lastimadas como resultado de este concepto.

Las palabras de Pablo acerca de la sumisión de las esposas en Efesios 5:22-31 deben ser leídas de acuerdo a su contexto y con la ayuda de la revelación del Espíritu Santo. No podemos leer este pasaje con nuestros prejuicios o ideas preconcebidas, ni tampoco leerlo con las ideas culturales del siglo veintiuno. Debemos tomar en consideración que a la cultura a la que Pablo estaba dirigiéndose era a los antiguos efesios. Leamos el pasaje completo cuidadosamente:

> Las casadas estén sujetas a sus propios maridos, como al Señor; porque el marido es cabeza de la mujer, así como Cristo es cabeza de la iglesia, la cual es su cuerpo, y él es su Salvador. Así que, como la iglesia está sujeta a Cristo, así también las casadas lo estén a sus maridos en todo. Maridos, amad a vuestras mujeres, así como Cristo amó a la iglesia, y se entregó a sí mismo por ella, para santificarla, habiéndola purificado en el lavamiento del agua por la palabra, a fin de presentársela a sí mismo, una iglesia gloriosa, que no tuviese mancha ni arruga ni cosa semejante, sino que fue santa y sin mancha.
>
> Así también los maridos deben a amar a sus mujeres como a sus mismos cuerpos. El que ama a su mujer, a sí mismo se ama. Porque

nadie aborreció jamás a su propia carne, sino que la sustenta y la cuida, como también Cristo a la iglesia, porque somos miembros de su cuerpo, de su carne y de sus huesos. *Por esto dejará el hombre a su padre y a su madre, y se unirá a su mujer, y los dos serán una sola carne.* Grande es este misterio; mas yo digo esto respecto de Cristo y de la iglesia. Por lo demás, cada uno de vosotros ame también a su mujer como a sí mismo; y la mujer respete a su marido.

—Efesios 5:22-33 (cursivas del autor)

Primero que nada, tratemos el hecho, evidente, de que se dan más órdenes a los esposos que a las esposas en este pasaje. A los esposos se les dice:

1. Amen a sus esposas como Cristo amó a la iglesia (en otras palabras, de una manera desinteresada y de sacrificio).

2. Amen a sus esposas como a sus propios cuerpos (de una manera cuidadosa).

3. Amen a sus esposas como se aman ustedes mismos (con igual respeto e interés mutuo).

Cuando Pablo se dirige aquí a los matrimonios, no habla solo a las mujeres ni a los hombres únicamente; más bien, les habló a ambos, porque son compañeros y jugadores en el mismo equipo. Los llamó a un lugar de reciprocidad, igualdad y tierno afecto.

Pablo no escribió: "Esposas, sométanse a todo lo que sus esposos les pidan que hagan, porque el hombre es el jefe". Tampoco escribió: "aun cuando sus esposos les griten, les hagan demandas irrazonables y las amenacen, deben guardar silencio y hacer lo que les pidan". Él no escribió: "Mujeres, aunque sus esposos les den de bofetadas y les rompan la mandíbula, deben demostrar su carácter cristiano sometiéndose a la conducta de su esposo y no deben decir nada para criticarlo". No obstante, tristemente, he conocido mujeres que ven este pasaje de la Escritura como si debiera interpretarse de esa manera tan perversa.

Un esposo debe valorar a su esposa como a un regalo, amarla con ternura, considerar sus debilidades y ofrecerle protección, provisión, cuidado y apoyo. Si un hombre está golpeando a su esposa, amenazándola de una manera degradante o rebajándola o haciéndole exigencias crueles de una manera autoritaria, entonces, obviamente, no está amándola como Cristo amó a la iglesia; y ya ha desobedecido el espíritu de Efesios 5. Una mujer no tiene que aceptar semejante conducta. De hecho, está poniendo en riesgo su propia vida y la de sus niños si no es capaz de dejar esa relación, ya que tiene el derecho y la responsabilidad de irse.

También tenemos que considerar el contexto cultural de este pasaje. Una de las preocupaciones principales de Pablo no era la autoridad del esposo sobre la esposa sino el orden de la familia y la exclusiva unidad espiritual que se supone que disfruten las personas casadas (véase el capítulo 2). Mientras Pablo discute el problema de la relación de una mujer casada con su esposo, observa que el pasaje termina con una referencia de Génesis 2:24, el cual expresa que un hombre y una mujer deben dejar a sus padres para formar una nueva unidad familiar. ¿Por qué hay una referencia a los padres de la pareja que ya está casada en un pasaje que habla de sumisión? Esto es clave para interpretar el pasaje.

En el mundo antiguo, el cual era regido por patriarcas que generalmente tenían muchas esposas, un padre consideraba a su hija como parte de su propiedad. Cuando esa hija decidía casarse, el padre algunas veces luchaba para soltar el control que tenía sobre ella. Esto realmente representaba un reto para el nuevo esposo de la joven mujer después de la boda, la cual también era arreglada por lo padres.

En esta cultura patriarcal, era común para los padres de la novia, y quizás para los papás del novio también, pensar que ejercían autoridad sobre la nueva pareja. Para hacer las cosas más complicadas, era más probable que el nuevo matrimonio viviera en la casa de alguno de los padres o en su propiedad y que posiblemente trabajaran para los negocios de la familia, de manera que todo eso ponía una tensión inusual en la relación matrimonial.

Para corregir esta situación, Pablo indicó en Efesios 5 que la mujer debe "someterse" a su esposo. Esta palabra, someter (*jupotásso* en griego), también puede traducirse como "estar ligado a", que es un término que denota conexión. En otras palabras, Pablo estaba diciendo esto: "Ya no es necesario que la mujer se sujete a la autoridad de su padre, está libre de su control, ahora está unida a su esposo. Ahora que esta nueva pareja está casada, deben dejar de estar bajo el control de sus padres y comenzar una nueva vida juntos". Esto provee el fundamento para una nueva visión del matrimonio.

Efesios 5 no es el único lugar en la Biblia que pide a los esposos que traten a sus mujeres con un amor especial y respeto. Otro pasaje importante se encuentra en 1 Pedro 3:7:

> Vosotros, maridos, igualmente, vivid con ellas sabiamente, dando honor a la mujer como a vaso más frágil, y como a coherederas de la gracia de la vida, para que vuestras oraciones no tengan estorbo.

Como Pablo, el apóstol Pedro ordena a los esposos que muestren respeto, cuidado y un amor protector a sus esposas. También indicó que aquellos hombres que no trataran a sus esposas de esta manera sufrirían la oposición de Dios, porque sus oraciones no serían contestadas. Lo cual significa que Dios toma muy en serio cuando un esposo maltrata a sus esposa, le habla cruelmente o recurre a la violencia física para obtener lo que quiere. Al Dios todopoderoso no le gusta el abuso doméstico y Él resistirá el orgullo de cualquier hombre que piense que puede salirse con la suya y no ser castigado.

¿Y si mi esposo está abusando de mí?

Entonces, ¿qué debes hacer si estás sufriendo algún tipo de abuso en tu hogar? Si has estado sujeta a abuso físico que ha terminado en contusiones, huesos fracturados, ojos moreteados, aborto o cualquier otra forma de lesión física, te daré este consejo:

1. Enfrenta la realidad y reconoce que eres una mujer que sufre maltrato.

Los consejeros que estudian la violencia doméstica dicen que muchas mujeres se culpan a sí mismas por el hecho de que son abusadas. No debes someterte al espíritu de temor, culpa o manipulación nunca más. Necesitas decirte a ti misma: "Este abuso no está bien y no tengo que aceptarlo". Mereces ser tratada con respeto. No creas la mentira que dice tu esposo (o tu novio) está justificado al actuar de esa manera, o que Dios quiere castigarte haciéndote sufrir en un matrimonio lleno de abuso. Dios odia el abuso y no te pide que lo soportes.

Carolyn Holderread Heggen, una psicoterapeuta cristiana, señala que a menudo las mujeres aprenden a tolerar el abuso porque han adoptado ciertas mentalidades heréticas religiosas. Tres de esas creencias son:

+ Dios tiene la intención de que los hombres dominen, mientras que a las mujeres se les exige sumisión.

+ Las mujeres son moralmente inferiores a los hombres y no pueden confiar en su propio criterio.

+ Las mujeres en particular son llamadas a "sufrir" en la vida como siervas de los hombres.[1]

Si tú has adoptado tales ideas, conscientemente debes liberarte de su control. Debes renunciar a las falsas doctrinas que han provocado que aceptes el abuso. Dios no tenía la intención de que tu esposo te dominara, tampoco te creó inferior a tu esposo ni te puso en una relación de abuso para castigarte o enseñarte a sufrir. ¡No creas esas mentiras!

Ya que a menudo predico en América Latina, me he encontrado con una doctrina extraña que a veces es promovida por los católicos.

Se le conoce como el marianismo e implica la veneración de la Virgen María. A veces a las mujeres que son maltratadas por sus maridos los sacerdotes les dicen que al sufrir abuso están siendo bendecidas por Dios. Les dicen: "La Virgen María sufrió mucho dolor durante su vida. Dios te está permitiendo experimentar el mismo sufrimiento que María conoció. Así que dale gracias a Dios por el abuso, y te acercarás más a Dios y a la Virgen María".

¡Esto es una herejía! Dios no es el autor de los abusos, y Él no tortura a sus hijos. No tienes que soportar el comportamiento de un marido abusivo a fin de agradar a Dios. Tu Padre celestial quiere que estés a salvo y te llevará a un lugar de protección. ¡No tienes que permanecer en un ambiente abusivo!

2. Busca de inmediato una red de apoyo.

Comparte tu secreto con un pastor, un consejero confiable y algunos amigos cristianos fuertes. Diles exactamente qué es lo que está pasando y pídeles que te ayuden a encontrar un lugar donde puedas mudarte sin que tu esposo lo sepa. Puede ser un refugio para mujeres maltratadas o la casa de algún amigo o familiar.

3. Vete de la casa.

Esto parece drástico, pero es la única manera de garantizar tu seguridad y de comenzar el proceso de confrontar a su esposo. En su libro "When Home Is Where the Hurt Is" (cuando el hogar es donde se encuentra el dolor), John Kie Vining, consejero profesional, aconseja a las mujeres que tienen hijos a llevárselos también, junto con algo de dinero en efectivo, las llaves del coche y otros papeles importantes. También debes llevar alguna evidencia de heridas pasadas, como fotografías o registros médicos. Esto va a ser útil en el caso de que debas hacer una denuncia o un reporte policial.[2]

La mayoría de las mujeres que han sido abusadas durante un periodo largo de tiempo no querrán abandonar a sus esposos. A menudo es así porque temen que sus esposos las vayan a matar o les causen heridas serias, ya sea a ellas o a sus hijos, si él los encuentra. Por eso no debes intentar confrontar los problemas con tu esposo por ti misma, ya que simplemente lo provocarás a más violencia. Los estudios muestran que las mujeres maltratadas son más propensas a ser asesinadas si amenazan con abandonar su matrimonio. Debes dejar tu casa, pero no debes decirle a tu esposo que estás planeando separarte de él.

4. Pídele a algunos hombres que confronten a tu esposo.

Este será el momento de la verdad. Tu esposo no querrá exponer su pecado y buscará la manera de protegerse a sí mismo, pero si varios hombres pueden hablar con él (después de que te hayas ido de la casa) es más probable que esté abierto al consejo y a la corrección.

Según la gravedad de su problema (ya que algunos esposos abusivos también son adictos a las drogas, al alcohol o pueden ser maniaco depresivos), puede entrar a un programa de consejería, asistir en la iglesia a clases sobre la responsabilidad de rendir cuentas, acudir a terapia médica o incluso, ir a la cárcel. Si él es violento deberás pedirle a la policía que intervenga. La única manera en la cual él encontrará una completa restauración es si se le confronta con la realidad de sus delitos, algo que será mejor que hagan otros hombres. Los hombres abusivos no respetan a las mujeres (incluyendo a las pastoras) y son menos propensos a volverse violentos cuando están alrededor de un grupo de sus "iguales".

5. Busca la sanidad personal.

Ya sea que te hayas reconciliado o no con tu esposo después de un periodo de separación, debes reclamar tu valor personal y sobreponerte a las emociones negativas que te atormentaron durante el tiempo que fuiste abusada. Debes redescubrir cuánto te ama Dios porque el diablo usó el abuso para convencerte de que eres fea, insignificante, repulsiva y despreciable, ¡no creas esas mentiras nunca más! Encuentra una iglesia sana y pídeles a las personas de ahí que oren contigo y te apoyen para que experimentes una completa sanidad de tus emociones y recuerdos. Si tienes hijos, asegúrate de que ellos también encuentren apoyo y consejería de manera habitual.

No vas a encontrar esta sanidad tú sola, por eso, busca un grupo fuerte de cristianos llenos del Espíritu Santo para que te sostengan mientras caminas a través de este tiempo de restauración, y continuamente pide que oren por ti, mientras una y otra vez decides perdonar a tu esposo. Date cuenta de que este proceso de sanidad toma tiempo. Orar por su sanidad y su restauración ayudará a proteger tu corazón de la amargura.

Es posible que tu esposo se arrepienta y encuentre la ayuda que necesita, y de este modo se salve tu matrimonio. Sin embargo, también es posible que tu matrimonio pueda terminar en divorcio. Debes entender que si tu esposo estaba abusando de ti físicamente, él ya estaba destruyendo su pacto matrimonial. Tú no estás obligada a permanecer con él si te ha hecho daño de esta manera y no puedes permitir que la culpa te fuerce a regresar a un matrimonio que ya se echó a perder por semejante crueldad.

Algunos cristianos te van a empujar a quedarte en un matrimonio abusivo y quizás te recuerden la cita de Malaquías 2:16: "Porque Jehová Dios de Israel ha dicho que él aborrece el repudio…", pero es importante para ti que leas ese pasaje cuidadosamente. En el libro "Abuse and Religion" (Abuso y religión) James y Phyllis Alsdurf señalan que la oración siguiente en Malaquías 2:16 dice: "…Divorciarte de tu esposa es abrumarla de crueldad" (NTV). Una nota al pie de página en la New International Version (en inglés) dice que el versículo puede traducirse: "Yo odio al hombre que cubre a su esposa con violencia".[3] Sí, Dios odia el divorcio, ¡pero también odia el abuso hacia la mujer!

¿Es el abuso físico razón para el divorcio? Mientras algunos tradicionalistas pueden sostener que "el adulterio es la única razón" para terminar un matrimonio, la Biblia no habla de este tema directamente. Al conocer el corazón de Dios en favor del indefenso, del débil y del que está en desventaja, podemos asumir confiadamente que la Iglesia nunca debe esperar que una mujer soporte golpes u otras formas de violencia para impedir un divorcio. Carolyn Holderread Heggen dice que necesitamos preocuparnos más por la persona que ha sido abusada que por las estadísticas de divorcio. Ella dijo:

> Aunque la comunidad cristiana debe continuar apoyando la santidad del pacto matrimonial, la Iglesia debe esforzarse por entender la permisiva voluntad de Dios en casos donde el convenio matrimonial ya se ha roto por violencia y abuso. La importancia de la durabilidad matrimonial no debe ser puesta sobre la santidad de la vida de la persona o su seguridad. Debemos proponernos no pasar por alto ni minimizar los males destructores de la agresión y el abuso debido a que tenemos en gran estima la permanencia del matrimonio.[4]

Si tienes que terminar con tu matrimonio, asegúrate de que Dios quiere darte un nuevo comienzo. El no quiere castigarte por algo que ni siquiera fue tu culpa. No escuches las voces negativas de vergüenza y de autorepugnancia que han estado dando vueltas en tu cabeza por tanto tiempo. Medita en la Palabra de Dios, mantente en un compañerismo cercano con otros cristianos, programa visitas regulares con un consejero cristiano que esté basado en la Biblia y recuérdate a ti misma diariamente que tu Padre celestial te ama. Incluso si estás atrapada en una relación aparentemente irremediable, confía en Dios para liberarte de manera que puedas reivindicar tu vida.

Pregunta 4

CASADA...CON NIÑOS

Soy una madre ama de casa y estoy satisfecha con criar a mis hijos y enfocarme en mi familia. No percibo ningún tipo de llamado especial para predicar o ser pastora. ¿No le parece que no es saludable "empujar" a las mujeres a dejar la casa y dedicarse al ministerio?

D E NINGUNA MANERA "empujo" a las mujeres a abandonar su matrimonio o a sus hijos para tener un ministerio. La familia fue idea de Dios, y aquellos que han sido bendecidos con hijos tienen una seria responsabilidad de satisfacer sus necesidades físicas, educarlos con amor y enseñarles cómo conocer y servir al Señor fielmente. Criar hijos puede ser una de las experiencias más gratificantes en la vida. Si actualmente eres una madre a tiempo completo y sientes que este es el llamado que Dios te ha dado temporalmente, entonces estás siendo bendecida con un encargo maravilloso. Tus hijos y tu esposo son afortunados de que te apasione tanto la responsabilidad de ser madre. Puedo decirlo por experiencia personal porque mi esposa Débora se quedó en casa para cuidar de nuestras hijas durante sus años de edad escolar. Nunca traté de que mi esposa descuidara aquello que ella consideraba su prioridad.

Pero también recordemos que no toda mujer siente el mismo llamado que tú tienes, y debes de darles espacio a ellas para seguir al Espíritu Santo; así como aquellas que tienen un llamado diferente no deben criticarte a ti, ni a otras como tú, por adoptar el rol tradicional de mamá ama de casa. En la actualidad hay todo tipo de mujeres en la Iglesia:

+ Algunas son mujeres solteras que pudieran o no llegar a casarse y tener hijos. De hecho, las personas solteras son el segmento demográfico que crece más rápido en las iglesias evangélicas hoy día.

✦ Muchas mujeres son divorciadas, viudas o están viviendo en situaciones de madres solteras a causa de un embarazo fuera del matrimonio. Para ellas, "quedarse en casa" y criar a una familia a la manera tradicional no es una opción debido a sus realidades financieras.

✦ Algunas mujeres que tienen hijos sienten un llamado de Dios para trabajar fuera del hogar. Ellas y sus esposos han hecho arreglos para el cuidado de los hijos que se ajusten a sus necesidades. En el pasado las iglesias hicieron una labor muy pobre ministrando a las mujeres trabajadoras, ya sea porque pensábamos que estaban abandonando a sus familias o tal vez porque nos intimidaban sus logros educativos y profesionales.

✦ De hecho, hay también mujeres con hijos que sienten un llamado de tiempo completo al ministerio, y nosotros deberíamos hacer todo lo que pudiéramos para ayudarlas, mientras buscan discernir el plan de Dios para sus vidas. No es la regla para una mujer con niños pequeños ser llamada a un ministerio a tiempo completo, pero ¿por qué no? Indudablemente, Dios puede hacer cualquier cosa que le agrade.

En la Biblia Dios usó a una concubina esclava llamada Ester, a una mujer estéril llamada Ana, a una viuda anciana llamada Ana, a una adolescente llamada María, a una mujer inmoral y divorciada de Samaria, e incluso a una ramera llamada Rahab, para hacer su voluntad. Entonces, ¿por qué debemos de sorprendernos si Dios quiere usar a una mujer que todavía tiene hijos en casa?

La cosa más importante que debes recordar es que ya sea que estés soltera o casada, trabajando en una oficina o cuidando a niños pequeños en casa, eres llamada a ser ministra del Evangelio. Todos somos ministros "de reconciliación" (2 Co. 5:18), y llevamos adentro el tesoro de su Espíritu Santo en nuestros vasos de barro terrenales (2 Co. 4:7).

Solo porque eres responsable de los hijos en el hogar no significa que es tu única obligación. No caigas en la trampa de limitarte a ti misma en tu rol como esposa y madre. No puedes decirle a Dios: "Ahora que soy una madre ama de casa, solo cumpliré mi rol como madre durante los próximos dieciocho años, y después de eso te serviré de otra manera". Si estás buscando al Señor diligentemente, te sorprenderán las maneras en que Él puede llamarte a ministrar desde ese aparente e insignificante rincón de tu mundo doméstico. Si has escogido "buscar primeramente el reino de Dios" (Mt. 6:33), entonces puedes esperar que Él le dé tareas del Reino mientras estés en esa etapa de la vida.

Esto le sucedió a una de las grandes heroínas de la fe, Susana Wesley, madre de los famosos evangelistas Juan y Carlos Wesley. En la austera cultura de Inglaterra, por los años 1700, las mujeres como Susana se quedaban en casa. Sus hijos absorbían su vida, y ella no tenía ninguna aspiración en particular para un ministerio público, al menos en los primeros años de su vida. Pero el impacto espiritual que haría en su comunidad fue extraordinario; y la pasión de avivadora que ardía en su corazón con el tiempo ayudó a iniciar el Primer Gran Avivamiento.

Una vez, mientras su esposo Samuel estaba fuera, durante el invierno de 1711, ella comenzó un estudio bíblico en su hogar que rápidamente atrajo a un grupo de más de treinta feligreses de la iglesia anglicana que dirigía su esposo. Aunque pedía excusas por el hecho de que una mujer estuviera dirigiendo aquellas reuniones (eso era bastante inusual en su tiempo), sus "sermones avivadores" pronto llamaron la atención a una multitud de doscientas personas, y se vio forzada a despedir a la gente porque en su casa ya no había más espacio.

De hecho, su esposo cuestionaba sus actividades espirituales, probablemente porque le molestaba que su congregación no respondiera con tanto entusiasmo a su predicación. Ella le dijo a Samuel que sentía una obligación espiritual para salvar almas:

> Dudo si es adecuado para mí presentar las oraciones del pueblo de Dios. El domingo pasado yo de buena gana los hubiera despedido antes de las oraciones; pero suplicaron con tanto ahínco para quedarse, que no me atreví a negárselos.[1]

Susana tenía dudas con respecto a su ministerio a causa de su género, y raramente se sintió apoyada por su esposo. Pero su hijo Juan se refirió a ella más adelante como una "predicadora de justicia" y lo más probable es que la influencia piadosa de ella lo haya abierto a la idea de usar mujeres predicadoras en sus campañas metodistas de avivamiento. A medida que envejecía, Juan Wesley abiertamente animaba a las mujeres para que se involucraran en un ministerio público, y algunas de sus mejores campañas evangélicas fueron dadas por mujeres. Una de ellas, Sarah Crosby, acostumbraba predicar cuatro veces al día, comenzando desde las 5:00 a. m. Un año viajó 960 millas a caballo, llevó a cabo 120 servicios públicos y dirigió 600 reuniones privadas.[2]

Aunque Susana Wesley nunca viajó por los campos de Inglaterra como Sarah Crosby, lo hubiera hecho si hubiera vivido en cualquier otra época de la historia. Una vez le dijo a su esposo por medio de una carta: "Aunque no soy un hombre ni un ministro, aún si mi corazón estuviera sinceramente consagrado a Dios, y yo estuviera inspirada por un celo real por su gloria, podría hacer algo más de lo que hago".[3]

Otra mujer, Catherine Booth, mucho antes de que fuera aceptable para las madres estar en algún ministerio, fijó un modelo al romper todas las reglas religiosas de su tiempo. Ella y su esposo evangelista, William, viajaban junto con sus hijos mientras establecían iglesias, misiones de ayuda e impactar a Inglaterra para Cristo, por el año 1880. Todos sus hijos, cuando fueron adultos, sirvieron en el Ejército de Salvación. En una ocasión, cuando una madre le preguntó a Catherine cómo logró que sus hijos se convirtieran tan temprano al Señor, la valiente predicadora contestó:

> Ya he estado con el diablo, y no he permitido que mis hijos lleguen a preocuparse por las cosas del mundo, antes de haber plantado bien en ellos la semilla del Reino.[4]

Uno de los evangelistas más notables de Estados Unidos no solo fue una mujer, sino también una madre cuyo corazón quedó destrozado por una tragedia. María Woodworth-Etter sintió el llamado para ministrar a una edad temprana en su vida, pero los Discípulos de Cristo no permitían de ninguna manera que una mujer predicara o trabajara en el ministerio. Se casó y tuvo seis hijos, pero cinco de ellos murieron durante la infancia. Sin embargo, de alguna manera, esta mujer destrozada fue capaz de sobreponerse a su dolor y, más adelante, se convirtió en una evangelista ambulante con una amplia gama de seguidores. Alrededor de veinticinco mil personas asistían a algunas de sus reuniones de santidad que se llevaban a cabo en Indiana, Massachusetts e Illinois cerca del año 1900. Las personas por las que ella oraba daban testimonio de milagros y sanidades. Qué maravilloso que Dios usara a una madre con el corazón destrozado para derramar sobre Estados Unidos el primer avivamiento de Pentecostés marcado por sanidad divina.

María Woodworth-Etter no necesariamente quería rendirse a un llamado al ministerio. Tenía miedo a las multitudes; la idea de pararse frente a una audiencia y predicar la aterrorizaba. También estaba muy consciente de que la gente religiosa veía su ministerio público como algo escandaloso ya que era una mujer. Para empeorar las cosas, su esposo y su hija adulta se le opusieron cuando les habló de las posibilidades de empezar un ministerio itinerante.

Lo que convenció a Woodworth-Etter para salir de la zona de comodidad fue una visión sobrenatural del infierno:

Yo era muy tímida, y estaba atada como con cadenas a un espíritu de temor al hombre. Cuando me levanté a testificar, temblaba como una hoja y comencé a dar excusas: "¡Oh, Dios, manda a alguien más!". Entonces el Señor, en una visión, me permitió ver el abismo sin fondo, el infierno abierto en toda su angustia y aflicción. Había lamentos, gemidos y crujir de dientes. Estaba rodeado por una gran multitud de personas que parecían no saber el peligro de este abismo y que sin ninguna advertencia caerían en ese horrible lugar…

Esta visión realmente dejó una gran impresión en mi mente. Cuando el Espíritu de Dios estaba luchando conmigo para que hablara u orara en la reunión, yo me resistía mientras podía. Después, la horrible visión se elevaba ante mí y veía las almas hundiéndose en una pena eterna. La voz de Jesús me susurraba al oído: "Estoy contigo, no tengas miedo". De pronto me encontraba de pie, o de rodillas, y olvidaba todo, menos el amor de Dios y aquellas almas agonizantes.[5]

Puede que no tengas el llamado a predicar en público como María Woodworth-Etter, pero Dios quiere compartir contigo su carga por las almas perdidas. Él quiere usar tu corazón de madre para tocar a un mundo destrozado. Cuidar a tus hijos puede ser tu prioridad, pero no cierres tu corazón a Él.

Dios quiere visitarte tal vez en la noche, mientras estás amamantando a tu pequeño para que se duerma, y llamarte para que ores por una ciudad o una nación. Él quiere usarte para alcanzar a los niños de tu edificio o a las otras madres del vecindario. También puede llamarte para que lleves a tus hijos contigo mientras ayudas a los ancianos o atiendes un refugio para mujeres maltratadas. Él puede pedirte que sirvas como voluntaria en una clínica de crisis por embarazo, donde puedas guiar a las jóvenes que nunca han conocido un amor de madre. Él tiene un reto espiritual esperándote, pero debes salir de la seguridad que implica tu mundo doméstico para poder ver su plan.

Es necesario que recordemos que en el Antiguo Testamento,

cuando el pueblo de Dios era llamado para presentarse ante Él y escuchar las palabras de los profetas o para arrepentirse de manera unánime de algún pecado que involucrara a toda la nación, era necesario que incluso las mujeres que tenían niños de pecho se presentaran allí (Jl. 2:16). Tú tampoco tienes excusa, no permitas que tu rol de madre te detenga para compartir tu fe o para buscar a Dios para orar por un avivamiento. En esta hora crítica la Iglesia necesita que cada creyente participe en el plan del Espíritu Santo para alcanzar al mundo.

Pregunta 5
PAÑALES Y GUARDERÍAS

P Tengo hijos pequeños y he recibido consejos contradictorios. Algunos cristianos dicen que desobedezco a Dios si trabajo fuera de la casa. Otros dicen que está bien. ¿Qué debo hacer?

E STA ES PROBABLEMENTE una de las luchas más comunes que enfrentan las mujeres cristianas hoy día; sin embargo, la Iglesia no muestra compasión ni soluciones prácticas. De hecho, nos caracterizamos por darles a las mujeres respuestas simples, palmaditas en la espalda rociadas con opiniones mezquinas. A menudo, el problema de que las madres trabajen se vuelve tan polémico que causa división en las iglesias.

Yo entiendo su problema porque mi esposa Deborah y yo enfrentamos lo mismo cuando nació Margaret, nuestra hija mayor, en el año 1985. Nos planteamos todas las preguntas difíciles como: ¿Debemos intentar vivir solamente con una fuente de ingresos? ¿Quién va a cuidar de Margaret si mi esposa sale a trabajar? ¿Las guarderías infantiles dañan a los niños? ¿Estableceríamos lazos afectivos lo suficientemente fuertes con nuestros hijos si se quedan todo el día con una niñera? ¿Deberíamos criar a nuestra familia de la forma tradicional (donde la esposa se queda en casa todo el tiempo) o deberíamos convertirnos en una familia con dos fuentes de ingresos?

Cada pareja cristiana necesita hacerse estas preguntas. Los hijos son un regalo precioso y una gran responsabilidad, y tú solo tienes una oportunidad para criarlos. El día que trajimos a casa del hospital a nuestra primera hija, nos dimos cuenta de que nuestros hijos serían una prioridad desde ese momento en adelante. Supimos que no podríamos acomodarlos en un cajoncito cómodo de nuestras vidas. Los hijos requieren una gran inversión de tiempo, dinero y energía emocional; sin embargo, nuestra cultura materialista de hoy no aplaude el desinterés y el sacrificio que implica una crianza exitosa.

Mi esposa y yo hicimos muchas preguntas, leímos montones de libros acerca de la educación de los hijos, buscamos consejería de algunos amigos y estuvimos orando, pidiendo dirección a Dios. Finalmente sentimos que el modelo tradicional funcionaría mejor para nosotros. Deborah no quiso empezar una carrera laboral en ese momento de su vida y mis ingresos eran lo suficientemente considerables para sobrevivir (aunque tuvimos que aceptar el hecho de que nunca tendríamos una casa tan bonita como la de las parejas que conocíamos y que tenían dos fuentes de ingresos). Deborah y yo queríamos varios niños, pero después de que llegó nuestra cuarta hija, decidimos que nuestra unidad familiar estaba completa. Debido a que mi esposa se había especializado en desarrollo infantil en la universidad, decidió que quería estar tan disponible como fuera posible para nuestras pequeñas.

Tal vez eso te suene a una familia tradicional, pero la diferencia es que yo no forcé a mi esposa a quedarse en casa porque pensaba que ese era "el rol de la mujer". Si Deborah hubiera querido comenzar a trabajar en aquellos días, nos hubiéramos movido en esa dirección. (Créeme, hubo momentos en los que hubiera agradecido una segunda fuente de ingresos.) Pero intentamos poner en práctica la sumisión mutua en nuestro matrimonio porque creemos que ese es el patrón bíblico. Aprendimos a respetarnos el uno al otro y a considerar las preferencias de cada quién. Orábamos cuando teníamos que tomar decisiones importantes, y cuando surgían los desacuerdos, discutíamos a fondo las cosas y llegábamos a un consenso.

Además, solo porque yo era el único que recibía un sueldo en la familia no quería decir que no ayudaba con las responsabilidades paternales. Cuando nuestras hijas eran pequeñas, cambié pañales, pasaba la aspiradora, lavaba los platos y llevaba a las niñas de excursión durante un día completo para que de esta manera mi esposa pudiera tener su propio tiempo libre. Aquellos días me convencieron de que las madres que están en el hogar sufren de más estrés por su trabajo que la mayoría de los ejecutivos.

El modelo tradicional funcionó para nosotros, pero no es la respuesta para todos. Los cristianos cometen un gran error cuando insisten en que el único modelo bíblico de la familia es el de la mujer que se queda en casa. Aunque sin dudas es ideal que el niño tenga atención continua por parte de los padres durante los primeros años de su vida, muchas familias no pueden hacerlo, ni es lo que todas las mujeres se sienten llamadas a hacer. Está claro que las madres solteras no pueden quedarse en casa todo el día, aunque sus hijos sean pequeños, y muchos matrimonios que conozco no pueden pagar sus cuentas mensuales con una sola fuente de ingresos. Indudablemente, no resulta de ayuda ninguna para estas personas cuando la Iglesia les dice que Dios exige que todas las madres se queden en casa.

Principios a considerar sobre la crianza de los hijos

Al orar para pedirle a Dios dirección para tu situación, te sugeriría que consideraras estos principios útiles:

1. Cuidar a los hijos no solo es responsabilidad de la madre.

Gretchen Gaebelein Hull cuenta la historia de un misionero cuya junta directiva de su ministerio se oponía a que su esposa asistiera a clases en la universidad por las tardes. Cuando él preguntó por qué estaba mal, la junta explicó que cuando la esposa estaba fuera de casa, el hombre tendría que cambiar los pañales de los niños, lo cual era "un rol a la inversa", o sea, intercambiar el rol. Hull dice: "Los críticos no se dieron cuenta de que cambiar pañales no es el rol de una mujer o el de un hombre sino un acto de simple compasión a un niño incapaz de hacerlo por sí mismo… Que un hombre se niegue a aceptar la responsabilidad cuando es necesario o apropiado, es mostrar una insensibilidad cruel.[1]

No hay ningún versículo en la Biblia que diga que a las mujeres les corresponde asumir toda la responsabilidad del cuidado de los hijos.

Tampoco dice que solo las mujeres cambian pañales, les cantan a sus bebés para dormir, entretienen a sus pequeños o les dan un baño. Suponer que el cuidado de los hijos es solo "función de la mujer", es un concepto machista y arraigado en la idea pagana de que las mujeres son esclavas que no sirven para nada sino para ofrecer sexo y ocuparse de los quehaceres domésticos. Además, es apenas ahora que los psicólogos están dándose cuenta de la importancia de la influencia de un padre en los primeros años en la vida de un niño. Los padres que se niegan a abrazar a sus hijos, a jugar con ellos o a involucrarse en algún otro tipo de actividades para su cuidado, realmente están dañando a sus hijos emocionalmente.

Tengo una muy buena amiga que se llama Tessie y es ejecutiva de una compañía editorial cristiana. Cuando nació su primer hijo, ella y su esposo David oraron para saber si ella debía dejar su trabajo para quedarse en casa con el recién nacido, pero ambos sintieron que el Señor los llevaba a hacer algo único: Tessie seguiría trabajando a tiempo completo (después de una larga licencia por maternidad), mientras que David, que era un agente de bienes raíces que trabajaba desde su casa, se echaría al hombro la mayor parte del cuidado de su hijo durante los primeros años. Cuando su segundo hijo nació mantuvieron el mismo arreglo.

Esta decisión ha resultado ser una bendición para todo el mundo. Tessie puede traer a casa su salario (y cumplir lo que ella considera un llamado al ministerio) y David, que ahora es consultor de internet y medios de comunicación social, disfruta mucho más tiempo con sus hijos que la mayoría de los padres estadounidenses. Y sus hijos no sufren por ello.

David y Tessie no estaban quebrantando una ley bíblica al escoger ese camino. Ellos no estaban "intercambiando roles", simplemente estaban siguiendo la dirección del Espíritu Santo en su singular situación. Sin embargo, muchos cristianos tradicionales condenarían este arreglo simplemente porque choca con una mentalidad religiosa acerca de lo que los hombres y las mujeres deben hacer en la familia.

Necesitamos recordar que el modelo de crianza de la madre ama de casa es relativamente un fenómeno nuevo. En los tiempos bíblicos, madres y padres trabajaban en el hogar, y frecuentemente la mujer estaba en el campo todo el día mientras los hermanos mayores o algunos familiares cuidaban a los hijos (a menudo, desde muy jóvenes, los niños también trabajaban en los campos). En aquellos días los papás tenían mucha más oportunidad de interactuar con sus hijos que los padres modernos que conducen treinta minutos o más a la oficina o a la fábrica y que algunas veces solo ven a sus hijos los fines de semana.

Esta situación del padre ausente ciertamente no es sana para los hijos involucrados, pero la Iglesia de hoy parece ignorarlo (y algunas veces incluso lo aplauden) mientras que al mismo tiempo la culpa se amontona sobre las mujeres que se sienten llamadas a salir a trabajar.

2. Existen alternativas disponibles para un cuidado seguro y saludables de los hijos.

También tengo una amiga, Valerie que es madre soltera. Las realidades económicas hacen imposible que ella pueda estar en casa todo el día para cuidar de su hija (hasta ahora, ninguna iglesia se ha ofrecido a pagar sus cuentas y cubrir la hipoteca cada mes para que ella pueda estar en casa y cuidar de su hija). Sin embargo, Valerie fue capaz de inscribir a su niña en una escuela cristiana de prestigio y esta escuela le ha otorgado regularmente una beca para ayudarla con los gastos de la matrícula. La hija de Valerie llegó al cuadro de honor, fue activa en el grupo de jóvenes de su iglesia, ganó un concurso nacional de hablar en público y obtuvo el primer lugar en el certámen Junior Miss Young Woman of Excellence (Señorita de Excelencia). Al final se graduó de la universidad A&M en Florida y está estudiando para ser abogada.

Tus hijos pequeños no quedarán destruidos de por vida si se

quedan en una guardería varias horas al día. Si tienes que poner a tu hijo al cuidado de otros, lo importante aquí es encontrar una atmósfera cristiana saludable donde las necesidades espirituales de tu hijo, así como las físicas y emocionales sean una prioridad. Puede ser en el hogar de algunos familiares o amigos o en un lugar de atención profesional. Verifica las referencias y pide informes de otros padres. Confía en que el Señor guiará tu decisión. No permitas que la culpa falsa o la crítica de otros te impidan escoger la guardería si ese es el camino que debes tomar.

Si eres una madre soltera, debes recordar que Dios se desvivirá por proveer para ti. En Salmos 68:5 dice que Él será un Padre para los huérfanos, y también promete poner "al desamparado en familia" (Sal. 68:6). Si confías en Él, te proveerá de los medios para encontrar una guardería económica que no solo será saludable para tu hijo sino que también estará enriquecida espiritualmente.

3. Las mujeres que escogen quedarse en casa con sus hijos, pueden comenzar a desarrollarse laboralmente después.

Golda Meir sirvió en posiciones de la política durante cuarenta y cinco años antes de que fuera elegida como primer ministro de Israel, en 1969. Fue respetada por los líderes mundiales y afectuosamente conocida por su propia gente como la "Madre valiente". Luchó arduamente por la causa sionista y firmó la declaración de independencia de Israel en 1948. Sin embargo, esta campeona de la libertad enfrentó el mismo combate al que miles de mujeres han hecho frente desde que se les dio el derecho de tener propiedad y recibir un salario. Ella tuvo que establecer un equilibrio entre su carrera y su familia.

La mayoría de la gente no sabe que la señora Meir, una judía ucraniana que cursó la universidad en los Estados Unidos, escogió quedarse en casa con sus dos niños cuando eran pequeños. Mientras vivían en un *kibutz* en Palestina, lavaba ropa ajena para ayudar a completar los gastos de la familia. Una vez dijo sobre el conflicto de las madres: "Cuando estás en el trabajo, piensas en los hijos que has dejado en casa; en casa, piensas en el trabajo que dejaste inconcluso. Algo así como una lucha está liberándose contigo misma, tu corazón está desgarrado".[2]

Es una decisión difícil. Si estás luchando con respecto a si debes ir a trabajar fuera del hogar o no; tú y tu esposo deben decidir eso juntos. Que no te motiven la culpa, el temor ni las opiniones religiosas. Deja que el Espíritu Santo te guíe. Pero debes saber que Dios puede pedirte que pongas tus ambiciones profesionales en espera mientras tus hijos son pequeños, y si Él demanda esto de ti, debes abrazar la perfecta voluntad de Dios y confiar en que Él honrará tu sacrificio.

No obstante, al mismo tiempo, no dejes ir tus sueños. Tus hijos estarán en la universidad más rápido de lo que crees, y ese será un tiempo para revalorar y reorganizar tus prioridades; hay diferentes épocas en la vida de una mujer. Innumerables mujeres que se quedaron cuidando a sus hijos en el hogar después decidieron poner sus propios negocios o inscribirse en la universidad o en el seminario.

También conozco muchas mujeres que entraron al ministerio después de que sus hijos se fueron de casa. Una de ellas, una popular y carismática maestra de la Biblia, Iverna Tompkins, esperó hasta que su hijo tuvo diecisiete años antes de empezar a aceptar invitaciones para predicar, ya que requerían que viajara. En un momento de la vida en que muchas mujeres están pensando en la jubilación, Iverna se volvió mucho más activa que la mayoría de las mujeres que tienen la mitad de su edad.

Thetus Tenney, la madre del reconocido escritor Tommy Tenney, viaja a través del mundo predicando en iglesias y congresos. Ella reconoce que cuando Dios le pidió que se quedara en casa cuando sus dos hijos eran pequeños, tuvo que luchar con algo de resentimiento; pero el conflicto se resolvió cuando se dio cuenta de que Dios tenía un plan especial para ella durante aquellos años mientras cuidaba a sus pequeños:

> Antes de irme a dormir, todas las noches, ponía la casa en orden para el día siguiente. Después, en la mañana me levantaba muy temprano, pasaba algunas horas orando tranquilamente y estudiaba, antes de que mis obligaciones maternales demandaran mi atención. Leía muchos libros, incluso también algunos comentarios de la Biblia. Esa fue una época que recuerdo que pasó mucho más rápido de lo que pareciera en aquel momento…
>
> ¡No me daba cuenta, mientras cuidaba de mi responsabilidad principal como una joven madre, que también se me había dado una oportunidad que desarrollaría mi futuro ministerio de enseñanza y escritura! Esos años de estudio se convirtieron en la base para el trabajo de mi vida.[3]

Si Dios te llama a poner en espera algunos de tus sueños debido a tu familia, no será una pérdida de tiempo. Aprovecha esos años como un tiempo para formar tu carácter y pulirlo. Las lecciones que puedes aprender mientras sirves a otros en tu hogar, sin ser vista por los demás, te prepararán para la próxima tarea que Dios te asigne.

Pregunta **6**

EL DILEMA DE LA MUJER TRABAJADORA

PLas mujeres de la iglesia a la cual asisto me han criticado porque soy una mujer de negocios. Me dijeron que estoy fuera de la voluntad de Dios porque no le estoy permitiendo a mi esposo ser la verdadera cabeza del hogar en el aspecto de proveer para nuestras necesidades. ¿Cómo debo responderles?

LAMENTO QUE TE hayan juzgado injustamente por tu decisión de seguir con una carrera laboral. Entiendo que esta crítica vino de cristianos, pero debes admitir que si te condenaron, no estaban reflejando el verdadero corazón de Dios. La Biblia no dice que todas las mujeres deben quedarse en casa e invertir sus vidas en la cocina, pero esto es lo que muchas personas religiosas conservadoras creen. No permitas que su crítica te ofenda y te frene para cumplir los sueños que Dios te ha dado.

Desde la caída de la humanidad las mujeres han sufrido opresión y sujeción, y por muchos siglos los hombres esperaron que sus esposas llevaran una vida aislada. Se obligaba a las mujeres a ser esclavas del hogar, cuyas únicas tareas en la vida involucraban hacer la comida, limpiar la casa, realizar trabajos difíciles en el campo y criar a los hijos. Esta perspectiva cruel para las mujeres sigue siendo una regla en muchos países en vías de desarrollo donde el islamismo, el budismo o el hinduismo moldean la cultura. Bajo el régimen riguroso del talibán, en Afganistán, antes de que comenzara la guerra del terrorismo en el 2001, a las chicas no se les permitía ir a la escuela porque los hombres creían que las mujeres solo debían aprender a cocinar y a coser. Las mujeres eran obligadas a vivir encerradas en las casas, y si se arriesgaban a salir sin estar cubiertas de cuerpo completo con un velo que llegara hasta el piso, podían ser golpeadas o arrestadas.

Jesús vino a liberar a las mujeres de esta opresión. Él colocó a las mujeres en un lugar de dignidad e igualdad respecto a los hombres. Es por eso que las mujeres siempre tienen un lugar más alto en aquellas sociedades donde el Evangelio se predica. Solamente en las naciones predominantemente cristianas las mujeres han ganado sus derechos civiles por completo junto con el derecho de votar, de propiedad, de tener cargos políticos, ser dueñas de sus propios negocios y obtener estudios superiores.

En Proverbios 31:10-11 podemos ver ilustrada esta visión elevada de las mujeres, es un pasaje clásico que elocuentemente muestra a una "esposa virtuosa". Esa mujer estaba muy adelantada para su época; de ninguna manera era la "mujer tradicional" de su tiempo.

Durante el periodo del Antiguo Testamento, cuando se escribió Proverbios 31, la mayoría de las mujeres no tenían educación. Pasaban la mayor parte de su tiempo buscando por agua, haciendo la comida y realizando arduas labores en el campo, mientras que al mismo tiempo trabajaban criando a sus niños. ¡Algunas también tenían que compartir sus hogares con las otras mujeres de su único esposo!

Sin embargo, la mujer descrita en este pasaje bíblico es realmente lo que llamaríamos una "mujer activa". Desde su casa manejaba un negocio de fabricación de textiles (v. 13). Contrata a otras mujeres para que la ayuden (v. 15) y vende su mercancía en el mercado libre (v. 24). También compra y vende bienes raíces y está involucrada en el desarrollo agropecuario (v. 16). Y en su tiempo libre se dedica a obras de caridad; y es muy probable que las financiara con sus propias ganancias (v. 20).

Esta mujer es alabada no solo por su bondad y su carácter piadoso. También es honrada a causa de sus habilidades empresariales, su diligencia en el trabajo, su ingenio y su perspicacia en los negocios. Y observa estos versículos en el siguiente pasaje:

> El corazón de su marido está en ella confiado, y no carecerá de ganancias. Le da ella bien y no mal todos los días de su vida (...)

Considera la heredad, y la compra, y planta viña del fruto de sus manos (...) Ve que van bien sus negocios.

—Proverbios 31:11-12, 16, 18

Y fíjate que Proverbios 31 no se enfoca en lo que cocina esta mujer o en las habilidades que tiene para criar a sus hijos, aunque está implícito que está involucrada en estas actividades. El pasaje se enfoca casi exclusivamente en su intervención en los negocios. Ella es una empresaria, y muy exitosa. Tanto así que llega a ser rica y su contribución al ingreso familiar trae notoriedad y respeto a su esposo, quien pasa junto a ella diciendo: "Denle la recompensa, se la ha ganado" (v. 31).

Así que aquí, en este pasaje del Antiguo Testamento, está escondido el sentir del corazón de Dios para las mujeres. Estar encerradas en la cocina o en una guardería nunca fue el plan de Él para sus hijas. Aunque muchas mujeres prefieren no seguir con su profesión cuando sus hijos son pequeños, y ciertamente es una decisión loable cuando económicamente es posible, no es un mandato bíblico para todas.

Los cristianos conservadores actuales a menudo dan a entender que las mujeres deben hacer del hogar y de la maternidad su primera o única prioridad. Algunas veces la maternidad es incluso elogiada como "el llamado más sublime al que una mujer puede aspirar". Esto suena tan orientado a la familia, pero tal forma de pensar es insensible, especialmente para las mujeres que son solteras o que no tienen hijos, incluso puede ser dañino para las mujeres que son infértiles. Si la maternidad es el llamado más sublime de Dios, ¿eso quiere decir que las mujeres solteras nunca alcanzarán el plan de Dios para sus vidas? Y para el caso ¿quién dijo que una mujer con hijos no debe perseguir otros intereses o metas que estén fuera de sus obligaciones como madre?

Por supuesto que la maternidad es un llamado especial y las madres a tiempo completo merecen nuestra admiración. Pero, ¿de dónde sacamos la idea de que la maternidad ha sido apartada como el lugar "más alto" de Dios para las mujeres? Indudablemente no es una perspectiva bíblica ya que muchas mujeres de la Biblia, que fueron elogiadas por su fe, no tuvieron hijos.

A principios del siglo veinte muchos líderes cristianos rechazaron el movimiento del derecho al voto para la mujer y se opusieron vigorosamente a la idea de que las mujeres comenzaran a involucrarse en el sistema político. Algunos cristianos tradicionalistas tenían miedo de que si las mujeres comenzaban a votar, la familia sería destruida. Otros creían que la nación se convertiría en "feminista" a causa de la entrada repentina de las mujeres a la vida pública. De modo que para proteger su mundo tradicional, la gente religiosa comenzó a realzar la importancia del hogar y de la maternidad. Incluso el estilo de arte victoriano de aquel tiempo, que muestra escenas tiernas de mamás e hijos leyendo, jugando y abrazándose, apoyaba la rara idea de que la sociedad podía preservarse si las mujeres se quedaban fuera de la vida pública. En realidad aquellas bellas imágenes eran una forma de propaganda cultural.

Esta imagen continuó hasta la década de 1950 cuando el llamado modelo de "June Cleaver" se convirtió en la norma para las amas de casa estadounidenses [nota del traductor: June Cleaver es el personaje principal del popular programa de televisión "Leave It to Beaver" de esa época]. La Iglesia siguió promoviendo el concepto idealista de que las mujeres estaban mejor quedándose en casa, planchando ropa, horneando galletas y asistiendo a reuniones escolares, mientras sus esposos iban a la oficina.

Nada de eso estaba basado en un modelo bíblico. De hecho, era la continuación de la época victoriana de Inglaterra. Durante ese periodo de tiempo, cuando los hombres comenzaron a trabajar en empleos industriales que los llevaban fuera del hogar y lejos de la granja familiar por primera vez, a las mujeres que tenían riquezas se les instaba a quedarse en casa. La idea era que las mujeres, con su naturaleza delicada, pudieran de alguna manera preservar la moral de la sociedad si vivían en un mundo cerrado que consistía en fiestas de té, corsés ajustados y vestidos de seda. Las mujeres victorianas de Inglaterra hubieran causado un mayor impacto en su sociedad si hubieran formado parte de ella, en lugar de esconderse en sus elegantes salones.

Si las personas de tu iglesia están imponiéndote esta estrecha mentalidad, haciéndote pensar que está mal que una mujer cristiana entre al mundo de los negocios, entonces defiende tu posición y mantén tu libertad en Cristo.

Servir al Señor como mujer trabajadora

A continuación algunos pasos útiles que te permitirán servir al Señor en tu profesión:

1. Descubre tu llamado como testigo de Cristo en el ambiente en que te desarrollas.

La tarea de evangelizar a tu nación no la van a lograr solamente los predicadores que trabajan a tiempo completo. De hecho, la mayoría de la gente descubre la fe como resultado de un encuentro personal con un amigo, a menudo en sus trabajos. Dios quiere usarte en tu lugar de trabajo para influenciar a otros para Él.

En los Estados Unidos en los primeros años del siglo XXI, el segmento de mayor crecimiento de la economía se vio impulsado por las nuevas empresas creadas por mujeres empresarias. Imagina qué pasaría si muchas de estas empresarias femeninas fueran creyentes de la Biblia que entendieran la necesidad de la integridad, la honestidad y la fidelidad en todas sus transacciones de negocios. ¿Cómo transformaría esto la mentalidad que ahora conocemos como "un mundo de hombres" a nivel corporativo en los Estados Unidos, un mundo conocido por convenios en trastienda, soborno, extorsión y escándalos? ¿Podría ser que Dios usara a mujeres ejecutivas para volver a llevar a los Estados Unidos a la justicia?

Muchos líderes de iglesias en la actualidad creen que las más grandes oportunidades de evangelismo en este nuevo siglo ocurrirán en el mundo de los negocios; dirigidas no por ministros a tiempo completo sino por lo que ellos llaman "ministros de mercado", empresarios cristianos que llevan su fe al mundo laboral. Muchos de esos dueños de negocios serán mujeres.

2. Usa tus habilidades para el Reino de Cristo.

La mujer de Proverbios 31 nunca hubiera podido "abrir sus brazos al pobre" o "extender sus manos al necesitado" (v. 20), si en primera instancia no hubiera obtenido ganancias de su negocio. Dios la bendice y la hace una bendición. Si Dios te ha llamado al mundo de los negocios, es posible que Él quiera canalizar riquezas a través de ti que edificarán su reino. Abre tu mente a ideas creativas que te permitan alcanzar éxito financiero para la causa de Cristo.

En estos días necesitamos mujeres que sean libres para pensar en grande, no permitas que las restricciones del pasado te limiten. Las mujeres de negocios que Dios está preparando deben ser libres para realizar hazañas financieras para Él. Como mujer trabajadora puedes ser llamada a canalizar dinero dentro de los proyectos del Reino para alimentar a los pobres, erradicar enfermedades, poner fin a la trata de personas, construir hospitales y orfanatos, financiar misioneros y proyectos editoriales cristianos y transformar naciones. De hecho, tu negocio podría ser usado en una nación en vías de desarrollo para producir empleos y traer prosperidad económica, y quizás para levantar a otras mujeres de la pobreza. No limites a Dios en la manera en que puede usar tus habilidades.

Tampoco limites la creatividad de Dios en ti. Date cuenta de que Dios ha usado a las mujeres inventoras del pasado para bendecir al mundo. Las mujeres inventaron el limpiaparabrisas, las gafas modernas, las señales luminosas de emergencia, la máquina de coser sin carrete, la bolsa de papel, varias medicinas para el cáncer, incluyendo la AZT (Zidovudina, medicamento que retarda el proceso del virus

SIDA) y un aparato que sirve para alimentar a la gente inválida ¿Qué otros avances se harán en la medicina, tecnología y ciencia cuando más mujeres se sientan libres para ser creativas?

3. Busca influenciar a la sociedad como una reformadora.

En Nigeria, una nación que visité diez veces en los últimos años, las mujeres continúan sufriendo por la fuerte opresión cultural. Aunque obtuvieron su derecho a votar en el año 1960, siguen careciendo de muchos derechos humanos básicos, incluyendo el derecho a ser protegidas del abuso doméstico (que es bastante común, incluso en los hogares cristianos). Hace poco tiempo que las mujeres han surgido en el escenario político, pero eso está comenzando a cambiar.

Una señal luminosa en el horizonte de Nigeria es Dora Akunyili, una mujer cristiana que fue comisionada en el 2001 para dirigir la Agencia Nacional de Nigeria para la Alimentación y la Administración y Control de Medicamentos. Inmediatamente ella se lanzó a una cruzada para terminar con el problema del fraude en la industria farmacéutica. Antes de que empezara su campaña de reforma, las compañías de fármacos estaban fabricando medicamentos inservibles y vendiéndolos para obtener ganancias ilegales. El problema se volvió tan común que Nigeria desarrolló una reputación internacional de engañar a otros en sus negociaciones, pero la señora Akunyili decidió poner un alto a esta situación y durante su mandato dirigió numerosas redadas en laboratorios que estaban produciendo medicinas falsas.

Su campaña le costó mucho a nivel personal, pero ella se mantuvo valiente. Se vio obligada a viajar con guardaespaldas porque su vida se veía amenazada muy frecuentemente por los jefes corruptos de la industria farmacéutica. No obstante, ella dijo en una revista nigeriana cristiana que creía que Dios la estaba protegiendo e impulsando para llevar nuevamente a la sociedad nigeriana la moralidad y los principios de la ley. Ella dijo: "Para mí, un criminal nunca podrá ser grande. Un delincuente no tiene poder".[2]

Voces similares han surgido muy cerca de Uganda. Después de que un avivamiento del cristianismo comenzara a barrer a través de aquel país africano en el año 1990, muchas mujeres valientes de fe han sido elegidas para cargos políticos ahí. Una de ellas, Miria Matembe, fue nombrada para supervisar un departamento nuevo que está enfocado en mejorar la moralidad de la nación. Como directora del Ministerio de Ética e Integridad, ella hizo un llamado a la pureza sexual, la fidelidad marital y a poner fin a la corrupción de una nación que ha sido devastada por la epidemia del sida.[3] Tuve el honor de compartir el podio con ella durante una conferencia en Kampala en 2011.

Mi pregunta es: ¿Dónde están las mujeres reformadoras de hoy? ¿Por qué no vemos más mujeres clamando por justicia, rectitud y una transformación social? ¿Quiere Dios que te ocupes este rol?

Ya hemos examinado a la mujer de Proverbios 31 y hemos hablado de su habilidad para bendecir al pobre a causa de su riqueza y habilidad para los negocios; pero también necesitamos prestar atención a otra mujer que se muestra en Proverbios: la valiente de Proverbios 8. Esta mujer, que es una personificación de la sabiduría de Dios, es vista como una reformadora audaz que clama desde la plaza central de la cuidad. Está emplazada en "las puertas que conducen a la cuidad", lo cual indica la sede del gobierno en los tiempo bíblicos. Su mensaje trata del arrepentimiento:

> Oh hombres, a vosotros clamo;
> Dirijo mi voz a los hijos de los hombres.
> Entended, oh simples, discreción;
> Y vosotros, necios, entrad en cordura.
> Oíd, porque hablaré cosas excelentes,
> Y abriré mis labios para cosas rectas.
> —Proverbios 8:4-6

¿Dónde están las mujeres de Proverbios 8 en nuestros días? Necesitamos más voces como las de ellas en la plaza de la cuidad. Necesitamos mujeres cristianas en cada campo: medicina, educación, gobierno, leyes, ciencia, negocios, artes. ¿Quién desafiará a la sociedad, pondrá un alto a la corrupción y traerá los principios de honestidad, justicia, misericordia e integridad para llevarlos a todas las instituciones?

Ya vimos a un gran número de mujeres cristianas reformadoras levantarse en generaciones anteriores. El movimiento abolicionista, que acabó con la esclavitud en los Estados Unidos, fue dirigido en gran parte por mujeres comisionadas por el Espíritu Santo que sabían que la Biblia no justifica la opresión. Pocos años después mujeres como Frances Willard, de Women's Christian Temperance Union, dirigió una revuelta nacional en contra de los vicios relacionados con el alcohol.

Sin embargo, en la actualidad, muchas mujeres cristianas parecen estar ajenas a los problemas de la sociedad; han sido secuestradas dentro de sus propios hogares o iglesias, enfocadas únicamente en sus propias familias, aparentemente incapaces de ofrecer un mensaje referente a nuestra problemática cultura. Creo que esto ocurre en parte porque hemos animado a las mujeres a quedarse calladas, siendo que las necesitamos en las filas de vanguardia.

Te reto a romper el molde. Espero que busques a Dios para que te dé el valor para transformar tu comunidad, tu ciudad y tu nación. Y que Él te capacite para ser una promotora de la justicia.

Pregunta 7

ARRASTRAR A TU ESPOSO

Mi esposo asiste a la iglesia, pero no tiene una vida de oración y lucha en su relación con Dios. Me siento culpable porque soy más espiritual que él. A fin de cuentas, ¿no se supone que él funcione como "sacerdote" de mi hogar?

ANTES QUE NADA, tratemos directamente con la idea de que tu esposo es "el sacerdote del hogar". Cuando alguna vez alguien menciona esa frase en una conversación conmigo, yo inmediatamente pregunto: ¿Puedes enseñarme ese versículo en la Biblia? ¿Adivina qué?...¡No está!

No hay un versículo en la Escritura que diga: "El esposo es el sacerdote del hogar". ¡Ni nada que se le parezca! No obstante, hay un sinnúmero de mujeres que creen que este es un concepto bíblico y la frase se repite continuamente en los púlpitos de las iglesias norteamericanas, como si estuviera en la Escritura. De hecho, es un punto de vista no muy bíblico porque la Palabra de Dios nunca indica que se suponga que el esposo escuche la voz de Dios en lugar de su mujer (como si ella no pudiera oír a Dios por sí misma), o representar a su esposa ante Dios (como si ella no pudiera acercarse a su presencia por sí misma).

Sugerir que una mujer necesita a su esposo para que sea su sacerdote o mediador, sería como dar a entender que la sangre de nuestro único y verdadero mediador, Jesucristo, no es suficiente para otorgarle a una mujer el don de la justicia.

Por esta razón, cualquiera que enseña que una esposa debe ir a Dios "a través" del ministerio sacerdotal de su esposo, está enseñando una herejía. La Biblia dice que todos los creyentes, ya sean solteros o casados, somos sacerdotes para con Dios (1 P. 2:9). Una mujer cuyo esposo no es cristiano sigue teniendo su propia relación con Dios. De hecho, ¡es sacerdote de su hogar! Lo mismo se aplica a ti; aunque tu esposo no sea tan espiritual como desearías que fuera en este momento. Puedes disfrutar tu propia relación con Dios independientemente de la situación espiritual de tu esposo. Y tienes acceso a todos los beneficios del pacto del Señor.

¿Dices que tu esposo no es tan espiritual como tú? Bienvenida al mundo real, hay muchas mujeres hoy día en la misma situación. No caigas en la trampa de pensar que tu vida debe cumplir con un cierto estándar falso antes de que puedas ser verdaderamente una cristiana eficaz. Dios puede obrar a través de ti ahora; incluso si tu esposo es un reincidente o un incrédulo.

Algunas mujeres cristianas tienen expectativas idealistas, imposibles, con respecto a su matrimonio y su familia. Les fue dicho por un amigo, un familiar, un pastor o un líder de alguna iglesia que en el hogar cristiano "perfecto", el hombre es el líder espiritual. Sube al monte de Dios como Moisés y oye la palabra del Señor, después baja de la gloria de aquel encuentro con su rostro resplandeciente y les dice a su esposa e hijos cómo deben vivir.

La esposa, por supuesto, se arrodilla ante los pies de su esposo todas las noches y los lava mientras él le da instrucciones. Los hijos se sientan silenciosamente cerca de la chimenea con sus pijamas combinadas y escuchan la sabiduría de su padre. Cuando él termina su mensaje, dicen sus oraciones, recitan los versículos de la Biblia que se saben y marchan sigilosamente en una sola fila a sus recámaras para dormir.

Por favor, no tengo que decirte que tal escena no es normal. Cuando la mayoría de los padres cristianos regresan a su casa del trabajo cada noche, no han estado disfrutando en una nube de la gloria de Dios. Ya sea que la esposa estuviera en casa preparando la cena o que llegue casa de su propio trabajo, es muy probable que no esté de humor para sentarse a los pies de su esposo y escuchar una conferencia. Y cualquiera que diga que los niños pequeños pueden permanecer sentados en un sermón de treinta minutos sin inquietarse ¡nunca tuvo hijos!

Este escenario no es realista, los verdaderos matrimonios no funcionan de esa manera y no debemos mantener esta idea como un estándar. Los esposos a menudo llegan a casa del trabajo cansados; las mujeres frecuentemente están agotadas por el día que tuvieron en la oficina o por el frenesí de cuidar a los hijos; los hijos se meten en problemas, rompen cosas, dejan huellas de lodo por toda la casa y algunas veces tienen que ser disciplinados debido a sus malas actitudes. La vida real es así, y se vuelve un reto mayor cuando los pequeños llegan a la adolescencia.

Muchas mujeres cristianas están casadas con hombres que no son tan espirituales como ellas. Así es la vida. Desearía poder prometerte que si sigues cuatro pasos sencillos, tu esposo llegará a ser un gigante espiritual de la noche a la mañana, o que empezará a orar contigo todas las noches, o que incluso comenzará a liderar el grupo de hombres de tu iglesia. ¡Pero puede que no suceda! Y no tiene que pasar para que tú experimentes a Dios por ti misma. La falta de espiritualidad de tu esposo no puede impedirte que alcances madurez espiritual.

Yo espero que no pienses que estoy minimizando tu situación, sé que puede ser muy frustrante, y también doloroso, sentirte desconectada espiritualmente de tu esposo, pero no puedes permitir que tu propia pasión por Dios te haga sentir culpable, e indudablemente no puedes reprocharte a ti misma que tu esposo carezca de interés en las cosas espirituales.

Muchos cristianos tienen estándares y expectativas poco realistas acerca de cómo se supone que debería ser la vida. Asumen que una vida cristiana victoriosa significa no tener luchas, escándalos, dolor y sufrimiento. En su mundo no hay lugar para enfermedad, abortos, muerte de recién nacidos, relaciones extramaritales, rebelión de adolescentes, embarazos fuera del matrimonio, violaciones, pleitos, personas en bancarrota, accidentes automovilísticos, niños delincuentes, problemas de aprendizaje, cáncer, racismo, adicción a la pornografía, desórdenes alimenticios, o muerte prematura de un amigo o familiar.

Sin embargo, conozco muchísimo cristianos que tienen que tratar con estos y otros problemas traumáticos en algún momento de sus vidas. Aquellos que quedan aplastados por sus circunstancias siempre son los que no miraron sus problemas de una manera realista; definitivamente nunca leyeron el libro de Job, ni mucho menos aceptaron el hecho de que nuestro viaje espiritual incluiría pruebas, aflicciones y dificultades.

Por otro lado, aquellos que triunfan y experimentan una victoria real son los que confiaron en que Dios les daría una gracia especial para manejar cualquier circunstancia que enfrentaran.

Ayudar a tu esposo a crecer espiritualmente

Personalmente te animo a que consideres usar estos cuatro pasos mientras enfrontas la vida con un esposo que no conoce al Señor o que carece de pasión espiritual.

1. Dale gracias a Dios por tu esposo.

Puede ser que no sea una antorcha espiritual, pero seguramente puedes pensar en algunas cualidades positivas que ves en él. Quizá es un buen oyente o tal vez es excelente para reparar cosas. ¿Cuándo fue la última vez que pensaste en sus habilidades únicas, sus capacidades y los rasgos de su carácter? ¿O has estado preocupándote constantemente por el hecho de que no está a la altura de tus expectativas?

Aprende a enfocar tu atención en sus puntos fuertes para que no desarrolles una actitud de amargura en su contra. Si te conviertes en una persona exigente lo que sucederá es que le estorbarás para crecer en su relación con el Señor y también pondrás en riesgo tu matrimonio.

La Biblia habla a menudo del poder de las palabras de la mujer. Puedes construir o destruir; dependiendo de si le permites al Espíritu Santo moderar tu conversación y tus actitudes. Proverbios 14:1 dice: "La mujer sabia edifica su casa; mas la necia con sus manos la derriba".

Salomón escribió: "Dolor es para su padre el hijo necio, y gotera continua las contiendas de la mujer" (Pr. 19:13). También dijo que era mejor para un esposo vivir "en un rincón del terrado" o "en una tierra desierta" que compartir la casa "con una mujer contenciosa y fastidiosa" (Pr. 21:9, 19). No lo dijo porque odiara a las mujeres. Ningún esposo disfruta ser examinado y criticado por su esposa si ella se queja constantemente. Un hombre anhela respeto. Su reacción ante este diálogo negativo siempre será alejarse, volverse pasivo o buscar intimidad y consuelo fuera del hogar. Verdaderamente una mujer puede alejar a su esposo si persiste en una crítica constante.

Aprende a darle gracias a Dios por tu esposo y a menudo ofrécele cumplidos y dale ánimo. Y si no se ocurre nada bueno qué decir, aprende a cerrar la boca y no decir nada. Hay un tiempo y un lugar para la corrección, pero ese tiempo no llega tan a menudo como pensamos.

2. Pídele a Dios una estrategia de oración y luego ora constantemente por tu esposo.

El Espíritu Santo tiene la repuesta para los problemas y desafíos de tu esposo. En lugar de luchar en tus propias fuerzas para cambiar sus actitudes o reforzar su pasión espiritual, permite que Dios lo haga. Todo lo que tienes que hacer es pedírselo. Después, simplemente cree que Él está obrando.

Tu esposo está luchando espiritualmente debido a alguna experiencia traumática de la cual nunca te ha contado. Tal vez ha sentido que no puede ser un "buen cristiano" debido a algo que hizo hace veinte años. La culpa y la condenación siempre provocan que una persona se aleje de Dios.

He aconsejado a muchos hombres que enfrentan serios problemas, tanto emocionales como psicológicos. A causa de la presiones de la sociedad (y de la iglesia) por parecer fuertes, los hombres tienden a ocultar sus heridas, porque hablar de ellas abiertamente sería admitir su falta. Si han sido abusados sexualmente o han luchado con pecados vergonzosos como la masturbación, la pornografía, el adulterio, deseos sexuales, o adicciones incorregibles como el alcohol, los cigarros o el juego, simplemente ocultan su dolor y pierden contacto con sus emociones.

Esto invariablemente tendrá sus consecuencias en la vida espiritual de un hombre. La culpa y la vergüenza relacionada con sus problemas no resueltos le impedirán disfrutar de una relación saludable con Dios. Cuando ores por tu esposo, pídele a Dios que rompa cualquier culpa o vergüenza que haya creado un muro de separación.

3. Anima a tu esposo a estar en compañía de otros hombres cristianos.

Espero que no te asuste el hecho de que los hombres no necesariamente quieren decirles todo a sus esposas. De hecho, ¡no querrás saber todo lo que pasa dentro de la mente de su esposo! Él puede encontrar mucho ánimo, sanidad y desarrollo espiritual en compañía de otros hombres, sobre todo si son más maduros espiritualmente.

La mayoría de los hombres llevan mucha carga emocional porque no tuvieron padres o porque sus padres fueron distantes, no se involucrarse en sus vidas o fueron abusivos. Esto puede crear profundas inseguridades, temores o vacíos que los pueden llevar a la depresión, la adicción al trabajo, el alcoholismo, adicciones sexuales y otros problemas. Una de las mejores maneras de superar cualquiera de estos problemas es relacionando a los hombres necesitados con hombres fuertes, emocionalmente maduros, que puedan guiarlos y discipularlos.

Tu esposo tal vez no esté listo para entrar a un grupo de hombres cristianos o a una relación de discipulado, pero puedes hacer de esto una prioridad para orar. Pídele a Dios que traiga a la vida de tu esposo un hombre que le pueda brindar amistad y ánimo; después espera y ve lo que Dios hace. No empujes a tu esposo demasiado rápido. Si hay un anuncio en tu iglesia acerca de un grupo de varones que se está formando, no le des con el codo ni lo manipules para que vaya. Deja que Dios obre en Él.

Si te sientes impulsada por el Espíritu Santo para hacer algo, entonces querrás decirle a un hombre maduro de tu congregación que tu esposo necesita ánimo, pero sé discreta. A los hombres no les gusta que alguien conspire contra ellos. Y si tu esposo siente que estás conspirando para "arreglar" sus problemas, muy probablemente va a desquitarse encerrándose más en su concha. Uno de los mayores obstáculos que los hombres enfrentan es el desafío a tragarse su orgullo y dejar ver sus errores y debilidades. Si se ven en una situación incómoda que les pide que confiesen sus pecados, puede que salgan corriendo en sentido contrario.

4. No permitas que tu esposo te detenga para cumplir tu propio llamado espiritual.

Necesitas descartar la idea de no puedes ser más espiritual que tu esposo. En la Biblia se mencionan mujeres suficientes que al parecer brillaron mucho más que sus esposos en carácter y sabiduría divina. Una de ellas, Abigail, se casó con un hombre malvado y egocéntrico llamado Nabal, a quien ella misma describe como un "necio" (1 S. 25: 25). De hecho su nombre significa "necio". En lugar de someterse a los planes egoístas de su esposo, fue sin que él se enterara e hizo lo correcto para ayudar a David y Dios la bendijo. Ella honró a Dios, intercedió en nombre de su esposo y obtuvo el favor de David con su intuición espiritual y su carácter piadoso. Su esposo murió cuando supo de la manera justa en que ella había actuado y David terminó tomando a Abigail por esposa.

Indudablemente, Abigail rompió el molde de la "mujer sumisa" que nosotros tendemos a ensalzar como un estándar en nuestra moderna subcultura evangélica. Los maestros conservadores de la Biblia que tergiversan la Escritura para hacernos pensar que las mujeres siempre deben someterse a los deseos de sus esposos debieran eliminar 1 Samuel 25 de sus Biblias. De hecho, Dios bendijo a Abigail por su falta de sumisión a Nabal, quien no mostró ningún respeto por el reino de David o por los planes de Dios para Israel. Y Abigail fue llevada al palacio de David porque obedeció al plan de Dios. La historia de Abigail demuestra que las mujeres que están casadas con necios, pueden disfrutar de una íntima comunión con Dios.

Si estás casada con un Nabal o con un hombre inmaduro espiritualmente que necesita ánimo y una relación de discipulado, no tienes que esperar a que tu esposo se ponga a tu nivel para seguir a Dios. Si haces de tu relación con Dios una prioridad y aprendes a ir detrás de Él con pasión y diligencia, estarás mejor equipada para inspirar a otros a que corran contigo.

Pregunta 8

CUANDO EL MATRIMONIO Y EL MINISTERIO ENTRAN EN CONFLICTO

No sé qué hacer, siento un llamado definitivo al ministerio, pero mi esposo no cree que las mujeres puedan ejercer alguna posición ministerial. Estoy muy dolida. Sé que debo someterme a él, sin embargo, siento que estoy siéndole infiel a Dios por no seguir mi llamado. ¿Qué debo hacer?

ESTA ES UNA pregunta complicada y que puede causar división, pero la escucho a menudo. Cada mujer que lucha con este problema enfrenta un conjunto de circunstancias únicas, y yo la perjudicaría si le ofreciera una respuesta para dejar contentos a todos. Algunas mujeres están casadas con hombres no cristianos. Otras tienen esposos cristianos que simplemente no comparten su pasión por el ministerio; y otras están casadas con esposos cristianos que están en total desacuerdo, por razones teológicas, con la idea de que las mujeres prediquen o pastoreen.

La tensión en estas situaciones puede ser intensa ya que la Biblia llama a los cristianos a caminar de manera fiel tanto en nuestros llamados al ministerio y como en nuestro matrimonio. Cuando estos dos entran en conflicto, ¿seguimos primero nuestro llamado al ministerio y nos arriesgamos dañar nuestro matrimonio? ¿Ponemos en peligro la relación con nuestro esposo para seguir lo que sentimos que es la dirección de Dios? ¿Buscamos preservar nuestro matrimonio a cualquier costo como la mayoría de los consejeros familiares cristianos nos aconsejan? ¿O será posible que una relación matrimonial realmente pueda convertirse en un ídolo que nos impide servir a Dios?

La vida de la evangelista pentecostal Aimee Semple McPherson (1890–1944) es un caso interesante que estaría bien considerar cuando hablamos acerca de este difícil tema. La hermana Aimee, como la conocieron sus admiradores, sintió un fuerte llamado al ministerio del Evangelio desde su juventud. Cuando se casó con su primer esposo, Robert Semple, el día de su boda emplearon los votos del Ejército de Salvación, los cuales son únicos porque ambos se comprometen a que nunca harán nada para "disminuir su fervor por Dios". En la ceremonia, Robert también prometió usar su influencia para promover "el sacrificio completo y constante de Aimee para la salvación del mundo".[1]

Robert y Aimee fueron felices, pero después de que fueron a China como misioneros, él contrajo una disentería y repentinamente murió. Aimee regresó a los Estados Unidos y pronto se casó con Harold McPherson, un hombre cristiano que apoyó los sueños de su esposa, pero que no tenía los mismos dones ministeriales que el primer esposo de Aimee. Poco tiempo después, ella comenzó a sentirse descontenta con intentar ser ama de casa y sintió que estaba descuidando su llamado evangelístico. En una ocasión en que se enfermó y fue hospitalizada ella dijo que Dios le mostró que su enfermedad fue el resultado de su desobediencia.

> Como [Aimee] lo contó, su condición empeoró hasta que el hospital se ocupó de trasladarla a una habitación para moribundos. Se esforzaba por respirar y oyó a una enfermera decir: "se está yendo". Después, oyó otra voz, que creyó que era la voz de Dios, fuerte y clara diciéndole: "¿AHORA...IRÁS? Sintió que era una cuestión de decidir a dónde iría: a la eternidad o al ministerio, y se rindió a Dios. Inmediatamente el dolor se fue, se facilitó su respiración, y en menos de dos semanas ya estaba de pie y andaba de aquí para allá, recobrando fuerzas lentamente...Confrontada por una gracia irresistible y por una providencia divina, no le había dejado otra opción, sino "ir".[2]

Con este mandato excepcional, Aimee empacó sus pertenencias, junto con sus dos pequeños hijos y se dirigió a Canadá, donde comenzó una serie de reuniones de reavivamiento sin el consentimiento de su esposo. Harold mandaba montones de cartas y telegramas continuamente para quejarse de su decisión, pero al fin y al cabo se reunió con ella allá. Repentinamente cambió su actitud y comenzó a ayudarle a organizar las reuniones, las cuales atrajeron a grandes multitudes en diferentes lugares de todo el litoral este. Durante dos años él la apoyó como su presentador, montaba la carpa para el evento y conseguía lugares para las reuniones. Pero en 1918 decidió separase de ella y discretamente se divorciaron en 1921.

En los años siguientes, después de que ella se mudó a Los Ángeles y fundó lo que ahora es la Iglesia Internacional del Evangelio Cuadrangular, Aimee llegó a ver su matrimonio con Harold McPherson como un trágico error. La biógrafa Edith L. Blumhofer dice: "En su mente, lo que había pasado estaba claro: como el profeta Jonás en el Antiguo Testamento, ella intentó huir de Dios, y Harold había sido parte de esa huída".[3] En el círculo pentecostal, la gente defendió el divorcio de Aimee, diciendo que no tenía opción alguna sino terminar con su matrimonio. Después de todo, era responsable ante Dios de muchas almas, y como su esposo no quería que ella predicara, tuvo que escoger seguir a Dios en lugar de a Harold.

Desde luego, no estoy presentando la historia de Aimee Semple McPherson como un ejemplo a seguir. Su caso es bastante excepcional, y si ella estuviera en ese ministerio en la cultura evangélica de nuestros días, probablemente la hubieran sentado en la banca de la iglesia por su matrimonio fallido, pero en la atmósfera de avivamiento pentecostal en 1920, se le daba mucha prioridad a la obediencia de una persona a la voz del Espíritu Santo.

Es interesante que la denominación que fundó Aimee ha surgido hoy día como uno de los cuerpos pentecostales con mayor crecimiento, particularmente en África y Latinoamérica. Es inevitable pensar qué tan diferente sería el mundo si esta excepcional mujer (que fue conocida por predicar con disfraces elaborados y organizar espectáculos estilo Broadway para llamar la atención de los pecadores, para que así llegaran a la iglesia) hubiera puesto su matrimonio con Harold McPherson antes que su llamado. Claramente parece que la bendición de Dios permaneció en el movimiento y ministerio de Aimee, a pesar del hecho de que su esposo decidió no apoyarla. En años posteriores, Aimee se casó por tercera vez, ahora con David Hutton, quien también le pidió el divorcio después de un breve matrimonio.

La pregunta sigue en pie: ¿Existen situaciones en las cuales seguir el plan de Dios pudiera provocar desbaratar un matrimonio o la familia? La Biblia sin dudas indica que pasará. Jesús mismo puso en peligro su relación con su madre y hermanos cuando intentaron detenerlo para que cumpliera con su ministerio. Después dijo que su verdadera madre y sus hermanos eran aquellos que "hacían la voluntad de Dios" (Mr. 3:35).También advirtió a sus seguidores que el discipulado radical puede desbaratar familias:

> No penséis que he venido a traer paz a la tierra; no he venido para traer paz, sino espada. Porque he venido para poner en disensión al hombre contra su padre, a la hija contra su madre, y a la nuera contra su suegra; y los enemigos del hombre serán los de su casa.
>
> —MATEO 10:34–36

El apóstol Pablo también escribió que las personas casadas experimentarían problemas más difíciles en el ministerio que aquellos que estuvieran solteros. La gente que no está casada, dijo Pablo, está libre de preocupación (1 Cor. 7:32), mientras que el hombre casado "tiene cuidado por las cosas del mundo, de cómo puede agradar a su mujer" (v. 33-34). Probablemente Pablo estaba refiriéndose a los intereses divididos que ocurren cuando un compañero en el matrimonio no comparte las metas espirituales o deseos del otro.

Cuando hay un conflicto en el matrimonio causado por el llamado al ministerio del cónyuge, no creo que la separación o el divorcio sean la solución. En la mayoría de los casos la situación proporciona una oportunidad para ambas partes de crecer en su relación con Dios y en la suya, como pareja, mientras se ocupan de resolver sus diferencias.

Qué hacer si su cónyuge no apoya su llamado al ministerio

En este caso, te recomendaría mantener en mente los siguientes principios:

1. No estés enojada o a la defensiva.

No lo olvides, sé honesta con tu esposo acerca de tus deseos, y comparte lo que sientes que Dios le está diciendo. Si él está en contra o desestima tu llamado, no permitas que una ofensa crezca en tu corazón. Entrega tu situación al Señor en oración y deposita todas tus ansiedades en Él. Permite que constantemente el Espíritu Santo examine tus actitudes y, por supuesto, no dejes albergar en tu corazón un espíritu de orgullo o superioridad espiritual. Permanece humilde y amorosa, no te impacientes. Dios no tiene que actuar según tus planes, déjalo que obre soberanamente.

2. Ora por tu esposo.

Si tu esposo se está resistiendo a la voluntad de Dios para tu vida, Dios es capaz de suavizar su corazón. Quizá tu esposo está luchando con el temor de perder el control, o tal vez ha tenido una experiencia negativa con el ministerio por la cual está resentido con los obreros cristianos en general. Pídele a Dios que toque los lugares ocultos del corazón de tu esposo donde se encuentre el temor, el cinismo, el enojo, o alguna ofensa.

Además acepta la posibilidad de que Dios puede estar usando la resistencia de tu esposo para hablarte a ti. Quizá no estés lista para un cargo en el ministerio como crees estarlo. Si tu esposo es un hombre espiritual, puede estar viendo algo que tú no ves. Puede que tengas una gran unción para la predicación o la enseñanza, pero ¿es tu carácter lo suficientemente fuerte como para soportar estos dones? Una razón por la que muchos líderes fracasan es una falta de voluntad para esperar a que Dios los prepare para su misión. Si estás apurando a Dios, puede que Él esté usando la oposición de tu marido para poner freno a tu ambición.

3. Desarrolla una actitud apropiada en cuanto a la sumisión.
A muchas parejas cristianas se les ha enseñado que las palabras del apóstol Pablo que aparecen en Efesios 5:21-33, acerca del matrimonio, demandan que las mujeres obedezcan ciegamente a sus esposos en todos los aspectos, como si Pablo hubiera fundado una especie de jerarquía en el hogar con el esposo en un trono. Esa no fue la intención de Pablo, de hecho ninguna vez llamó a las mujeres a obedecer a sus esposos, estén bien o mal. Incluso tal obediencia reverencial pudiera ser idolatría. Su objetivo en el pasaje era reforzar la única e íntima relación de la cual los esposos y las esposas disfrutan, una armonía que puede conseguirse a través de una mutua sumisión y un amor desinteresado.

Pablo les dijo a las esposas: "Las casadas estén sujetas a sus propios maridos, como al Señor" (Ef. 5:22). En Colosenses dijo: "Casadas, estad sujetas a vuestros maridos, como conviene en el Señor" (Col. 3:18). Charles Trombley señaló que estas dos citas definen las condiciones en cómo una esposa se somete a su esposo: "En ambos pasajes la sumisión de las esposas debe estar de acuerdo con lo que es agradable al Señor; no es un orden global".[4] Esto significa que realmente sería motivo de pecado para una mujer conceder los deseos de su esposo si él le está pidiendo que haga algo que está fuera de la voluntad de Dios.

Si tú y tu esposo han llegado a un punto muerto en este conflicto, yo siempre aconsejo mediación. Comparte tu lucha con amigos de confianza, un pastor o un consejero. Busca consejos de personas que puedan ver las cosas que tú no puedes ver. Proverbios 15:22 dice: "Los pensamientos son frustrados donde no hay consejo; Mas en la multitud de consejeros se afirman". Si te precipitas en algo tan importante como el ministerio sin la confirmación y el apoyo de consejeros espirituales, estás buscando un fracaso.

4. Discierne tu llamado adecuadamente.

Si te sientes llamada al ministerio y tu esposo se está resistiendo a que te involucres en las actividades de la iglesia, no supongas rápidamente que tienes todas las respuestas ni que tu esposo te está estorbando en el camino. Confía en Dios para que Él intervenga a tu favor y confirme su voluntad para tu vida. Si tu llamado viene de Dios, no podrás escapar, ni tampoco tu esposo podrá interponerse. Otros lo reconocerán y las puertas se te abrirán a causa del favor y de la bendición de Dios. Dios siempre busca un camino para su voluntad. Esto puede llevarte a un posible conflicto, pero debes buscar mantener la paz.

5. Continúa avivando tu fuego de un avivamiento personal

Tal vez sea desalentador que la persona a quien más amas no apoye tus aspiraciones y metas. Muchas mujeres que se sienten llamadas en algún aspecto al ministerio y que no encuentran ningún apoyo por parte de sus esposos, permiten que su pasión espiritual decaiga. No permitas que el fuego que está en ti se apague. Romanos 12:11 dice que debemos permanecer "fervientes en espíritu", lo que significa que nuestro celo por Dios debe mantenerse a punto de ebullición. ¡Cuando pasamos por dificultades en la vida, debemos salir de ellas más ardientes que antes!

Tú tienes tu propia relación con Dios; tu esposo no es tu mediador espiritual. Si la falta de apoyo de tu esposo es suficiente para mantenerte lejos del campo de batalla espiritual, ¿qué harás cuando la persecución venga de otros? El ministerio no va a ser fácil, así que quizá este sea un examen para ver si permanecerás siendo fiel a Dios sin importar qué se oponga en tu camino.

6. Aprende a aceptar el fuego de la prueba

El autor Bob Sorge, en su excelente libro "The Fire of Delayed Answers" (El fuego de las respuestas tardías) dice que uno de los recursos más efectivos de Dios para purificar nuestras vidas es demorar la respuesta a nuestra oraciones. Después de haber soportado algunas pruebas personales, Sorge se dio cuenta de que a menudo Dios pone a su gente en una "prisión" de circunstancias o aflicciones, para probarnos y purificarnos. Pero dice que el resultado de esta aflicción es siempre esperanza:

> Has estado perseverando por semanas, meses o posiblemente años. Has conocido la oscuridad, el dolor, la confusión y el fuego. No entiendes por qué Dios ha estado permitiendo todo eso, y entonces, un día, es como si despertaras de un sueño, y de repente te das cuenta: "¡Soy diferente! ¡Dios ha usado esta prueba para transformarme! Esta tribulación es nada menos que el amor de Dios por mí".[5]

Si te encuentras en una prisión de limitación, acepta este tiempo y permítele a Dios que se acerque aún más a Él. Dios puede haberte encarcelado para cambiarte. Cuando es tiempo de ponerte en libertad, Dios abre la puerta. Después de pasar por sus fuegos de prueba, estarás lista para cualquier misión que Él tenga para ti.

7. Disponte a tomar una decisión difícil.

Muchas mujeres me han dicho: "Quisiera estar más involucrada en el ministerio, pero mi esposo no me lo permitirá". No estoy convencido de que tal pretexto será aceptable cuando estemos ante Dios y le demos cuenta de nuestras vidas. Raramente he aconsejado a una mujer a terminar su matrimonio porque su esposo cristiano no quería que ella cumpliera con su llamado al ministerio, pero por la misma razón, no le diría a una mujer que mantener su matrimonio unido "a cualquier costo" fuera su única meta en la vida. Decir eso sería poner a la familia en un lugar más alto que Dios.

Te voy a contar de un evangelista que conozco que se sintió

llamado a vivir en los barrios malos de una cuidad. Las condiciones en las calles eran muy duras, pero este hombre y su esposa llevaron a cabo un ministerio fructífero entre drogadictos, prostitutas, personas que no tenían hogar y niños pobres. Sin embargo, unos años después, la esposa del evangelista comenzó a cansarse de las presiones de la vida en aquel lugar. No le gustaba el constante temor a la violencia, el olor de las calles y la interminable necesidad de la gente que requería atención pastoral. Ella quería dejar el ministerio y encontrar una vida más "normal" en una zona residencial. Mientras tanto, su esposo sentía que no podía abandonar su llamado a trabajar con los pobres.

Al final la mujer abandonó a su esposo. Básicamente le dijo: "Me escoges a mí o al ministerio". Para cualquiera esa es una decisión difícil de hacer. Después de todo, los libros más populares acerca del matrimonio cristiano y la familia propondrían que este hombre debió haber hecho todo lo que pudiera para salvar su matrimonio, en vez de permitir que su esposa lo dejara. Finalmente, ella volvió a casarse, y él continuó con su trabajo en las calles, sabiendo que sufriría de una crítica constante. Pero no le importó, sintió que tenía que obedecer al llamado de Dios.

Es probable que algunos cristianos siempre desprecien a este hombre y digan que debió haber puesto a su esposa en primer lugar. Otros quizá lo defiendan y culpen a la esposa por ser egoísta. Pero al final, los juicios de los hombres no importan. Si este hombre estaba siguiendo el llamado de Dios, será obvio en el juicio del trono de Jesucristo.

Espero que no tengas que enfrentar una decisión tan difícil como esta, pero si lo haces, mantén un espíritu humilde y acepta la corrección y el consejo de cristianos maduros. Y recuerda que tú también darás cuenta por todos los dones espirituales que te han sido dados y de la manera en que los inviertes en el reino durante tu tiempo de vida.

Pregunta 9

UN APLAUSO PARA LAS MUJERES SOLTERAS

Soy una mujer soltera y los pastores en mi iglesia me han dicho que no puedo servir en el liderazgo hasta que esté casada. ¿Esto es bíblico?

LAS NORMAS QUE excluyen a una mujer soltera de ciertas posiciones en la iglesia normalmente están arraigadas en una de dos formas equivocadas de ver la Escritura. Una está basada en los requisitos que el apóstol Pablo pide a los ancianos, en 1 Timoteo 3: 2-7, donde se estipula que un hombre debe ser "marido de una sola mujer". Algunas iglesias usan este pasaje para exigir que todos los ancianos deben ser hombres; otros también lo han usado para insistir en que solo los hombres casados pueden servir en posiciones pastorales.

No obstante, muchos estudiosos de la Biblia creen que lo que realmente estaba expresando Pablo, es que los líderes hombres (a quienes está dirigiéndose específicamente en ese pasaje), no deben involucrarse en poligamia. De hecho, en 1 Timoteo 3:2 es la primera y única ocasión en la cual la Escritura se hace mención de la práctica de tener varias esposas (poligamia).

La segunda forma equivocada se basa de manera imprecisa en 1 Corintios 11:3, la cual establece que "el hombre es la cabeza de la mujer". (Este versículo realmente debe ser traducido como: "La cabeza de la esposa es el esposo"). De este pasaje, algunos evangélicos con mentalidad tradicional han sacado un concepto de *cobertura masculina*, el cual propone que una mujer que no tiene esposo está sin cobertura o fuera de una autoridad apropiada. Por eso, algunas iglesias han establecido un principio que dice que una mujer soltera no puede servir en ningún rol de liderazgo hasta que se case y obtenga una cabeza o cobertura.

Ninguna de estas Escrituras puede usarse como la base de semejante regla. En 1 Timoteo 3, después de que Pablo dio los requisitos para los hombres líderes en las iglesias, también enlistó otros para las mujeres líderes (v. 11). Lamentablemente algunos traductores de la Biblia han cambiado el significado de este versículo, asumiendo que las órdenes de Pablo estaban siendo dadas a "sus esposas" o a "las esposas de los diáconos", en vez de a "las mujeres", como lo establece claramente el texto griego.

De hecho, Pablo contó con muchas mujeres en su equipo apostólico, y en sus epístolas mencionó a algunas que estaban pastoreando iglesias o activas en el ministerio evangelístico itinerante (entre ella, Cloé, Ninfas, Evodia, Síntique y Junias). Desde luego, no sabemos si Febe, una diaconisa mencionada en Romanos 16:1-2, era soltera, pero no tenemos ninguna razón para creer que Pablo hubiera descalificado a una persona del ministerio a causa de su soltería. Pablo era soltero y en algunos casos defendió el celibato.

La idea de que una mujer "debe tener como cabeza al varón" para funcionar en un rol de autoridad es, en el mejor de los casos, una forma de superstición cristiana, porque no tiene ninguna base en la Biblia. La referencia que Pablo hizo a que el esposo es "cabeza de la mujer" es una alusión a la historia de la creación, en la cual Eva fue tomada de Adán. En vez de establecer una sucesión de autoridad, el principio de liderazgo nos recuerda que los esposos y las esposas disfrutan de una unión mística que no es paralela a ninguna otra relación humana. El liderazgo implica unión y compañerismo, no dominio, jerarquía ni "cobertura".

Sugerir que una mujer soltera no puede servir en la iglesia porque no tiene una "cabeza masculina", de hecho es herético, porque implica que un hombre puede darle a una mujer autoridad espiritual y una unción genuina, en vez de que lo haga Cristo. Una mujer soltera que conoce a Cristo está directamente conectada a Él y tiene acceso directo a él mediante el Espíritu Santo.

Yo puedo asegurarte, absolutamente, que no hay ninguna razón bíblica para descalificar a la mujer del servicio cristiano solo porque es soltera. Probablemente los líderes de tu iglesia no inventaron este principio equivocado por sí mismos, más bien lo adoptaron de una gran tradición de prejuicios por el género. Este principio lo basan, no en una verdad bíblica, sino en una visión degradante de la mujer que las estima no por el valor individual que Dios les ha dado como hijas de Él, hechas a su imagen, sino más bien por su sexualidad y su habilidad para reproducirse. Aun cuando en las iglesias las mujeres casadas han sufrido mucho bajo esta opresión, las solteras han llevado una doble porción de este dolor.

En muchas culturas una mujer obtiene todo su valor de su habilidad para tener hijos. Desde luego, esta idea se ha promovido dentro de la iglesia desde tiempos antiguos. Martín Lutero, el padre de la Reforma Protestante, tuvo una perspectiva sumamente tosca e insensible acerca de las mujeres y el matrimonio. Alguna vez escribió: "Saca a las mujeres de sus quehaceres del hogar y no sirven para nada". También creía que si las mujeres morían durante el parto: "No hay nada malo en esto; déjenlas morir mientras den a luz, están hechas para eso".[1]

¿Será entonces motivo de sorpresa que hoy día nosotros en la iglesia luchemos todavía para vencer el prejuicio por el género, cuando líderes reconocidos como Lutero sostuvieron puntos de vista claramente sexistas? La actitud de Lutero fue realmente el resultado de los tiempos pasados. En todas las civilizaciones primitivas, incluyendo la antigua cultura judía, las mujeres eran valoradas por su capacidad para dar a luz, no por su inteligencia o su personalidad. Eran sirvientas, objetos sexuales y máquinas sin cerebro para hacer bebés. Así que, naturalmente, si una mujer no podía tener hijos o no se casaba, no tenía ningún valor. En estas culturas atrasadas nadie se atrevía a sugerir que una mujer podía ser educada, tener una profesión o hacer algún tipo de contribución que tuviera valor para la sociedad.

Eso sigue siendo así en muchas partes del mundo. Las niñas pequeñas son consideradas inferiores e incluso sus padres las abandonan al nacer. En India, donde los bebés varones son muy apreciados, las mujeres están abortando a sus bebés en un porcentaje alarmante cuando la imagen del ultrasonido determina que están esperando niñas. En China, donde el gobierno comunista impuso la política de "un hijo por familia", las niñas pequeñas son frecuentemente abortadas o asesinadas al nacer porque generalmente la familia escoge quedarse con un niño. En Nigeria, una mujer que da a luz solamente a niñas es considerada una vergüenza para su esposo, y este a menudo será animado por su familia a divorciarse de su esposa si ella no es capaz de darle un hijo. (Realmente una extraña costumbre ya que las investigaciones biológicas han comprobado que es el esperma del padre el que determina el sexo del niño).

Durante uno de mis viajes a Nigeria, una mujer soltera de unos veinticinco años se dirigió hacia a mí después del servicio de la iglesia, pidiéndome que orara por ella. Contuvo el llanto mientras me explicaba que su padre estaba divorciándose de su mamá porque solo le había dado cinco hijas y ningún hijo. El hombre ya se había mudado a otra ciudad y estaba planeando casarse nuevamente con una esposa más joven, así que terminó con su matrimonio de veintisiete años. Los familiares del esposo apoyaron completamente su decisión pues consideraron deshonroso para él que no tuviera un heredero varón.

Yo no podría comprender el dolor que esta joven mujer estaba sintiendo. La decisión de su padre también tenía serias consecuencias económicas pues se fue sin dejar alguna forma de herencia para su esposa o para sus cinco hijas. De hecho, se esperaba que ellas se fueran de la casa para encontrar una nueva forma de mantenerse a sí mismas. La peor parte de la historia es que este hombre era cristiano. Obviamente creía que su decisión de divorciarse de su esposa estaba justificada. Tristemente es probable que muchas iglesias en Nigeria apoyaran su decisión por este prejuicio cultural que está profundamente arraigado en la sociedad.

También descubrí que la ley de Nigeria, no le da a una mujer que está en esta situación ningún medio para obtener justicia. En esencia, la sociedad tolera la crueldad del dominio masculino. Las tradiciones nigerianas dicen que el valor de una mujer está totalmente ligado a su unión a su esposo. Sin un esposo o un hijo varón, ella no es nada. La masculinidad determina el valor.

Al hablar de esta situación con varios pastores nigerianos me di cuenta de que las viudas en Nigeria enfrentan una opresión increíble. Si el esposo de una mujer muere prematuramente, a menudo se le trata como a una leprosa. A menudo los familiares de su esposo la echan de su propia casa y la botan a la calle sin herencia y sin esperanza de conseguir un trabajo. Debido a que las supersticiones están fundamentadas en la brujería, muchos nigerianos creen que las viudas están bajo algún tipo de maldición, así que se niegan a ayudarlas.

Por supuesto, la Biblia no enseña que los hombres son más valiosos que las mujeres, o que las mujeres obtienen su valor por su unión a un hombre. Dios no pone más valor en los chicos que en las chicas, ni tampoco prefiere a las personas casadas más que a las solteras. Cuando Él creó el mundo, decidió llenarlo de hombres y mujeres. Él se deleita en tener comunión con sus hijos, que para Él tienen el mismo valor. La opresión que las muchas mujeres han sufrido a través de los siglos no fue idea de Dios sino es el resultado de la maldición del pecado, el cual Jesucristo derrotó. (Véase Génesis 3:16).

El valor de la mujer

Examinemos algunos pasajes en la Biblia que dejan claro que las mujeres tienen su propio valor intrínseco ante Dios, aparte de su unión a los hombres.

1. El caso de las hijas de Zelofehad (Números 27:1-11).

Zelofehad, un miembro de la tribu de Manasés, tenía cinco hijas que fueron lo suficientemente valientes como para acercarse a la tienda de Moisés y pedir una audiencia con él. Su queja era que les iba a ser negada una herencia, debido a que eran mujeres. Le dijeron a Moisés: "¿Por qué será quitado el nombre de nuestro padre de entre su familia, por no haber tenido hijo? Danos heredad entre los hermanos de nuestro padre" (v. 4). Cuando Moisés le preguntó al Señor acerca de esto, Dios le dijo: "Bien dicen las hijas de Zelofehad; les darás la posesión de una heredad entre los hermanos de su padre, y traspasarás la heredad de su padre a ellas" (v. 7).

Este fue un momento revolucionario en la historia de Israel porque lo que Dios le dijo a Moisés contradijo siglos de un trato injusto hacia las mujeres. El consejo que Moisés recibió del Señor aquel día se convirtió en un precedente legal en Israel, derribando los conceptos anteriores acerca de la inferioridad de la mujer. El consejo de Dios fue claro: Las mujeres tienen el mismo valor y los mismos derechos que sus hermanos.

2. La mano de Dios en las mujeres solteras del Antiguo Testamento.

Tenemos gran cantidad de evidencia que Dios se esforzó por ungir a mujeres solteras bajo el antiguo pacto. María, la hermana de Moisés, la primera líder de adoración en la Biblia, fue una profetisa que tenía responsabilidades en el gobierno (Mi. 6:4), no obstante, las Escrituras nunca mencionan nada de que María tuviera esposo. Linda Belleville, en su libro *Women Leaders and the Church (Las mujeres líderes y la Iglesia)*, escribe:

> Las habilidades de María en el ministerio no solo fueron reconocidas y confirmadas, sino que ella recibía el mismo nivel de respeto que Aarón y Moisés. De hecho, sus habilidades de liderazgo se mantuvieron en tal grado de estima que Israel no viajaría

hasta que ella no hubiera sido restaurada y regresara a ellos (Nm. 12:1-16).[2]

El libro de Rut, una de las partes de la Biblia más preciosas que se han escrito, cuenta la historia de una joven viuda moabita cuya fe en el Dios de Israel la puso en el mismo linaje de Jesucristo, aun cuando la sociedad consideraba a Rut una humilde desterrada a causa de su antiguo origen y de su condición de viuda. Dios decidió usar su vida para ilustrar su maravilloso plan de redención. Debido a su fe, su suegra Noemí la alabó como si fuera más valiosa "que siete hijos" (Rt. 4:15).

La joven doncella, Ester, una chica huérfana cuyo único valor para un rey pagano era su belleza, fue usada por Dios para liberar a la cautiva nación de Israel de un genocidio. Su fe, unida al ayuno y a la oración de sus jóvenes doncellas, provocó una victoria espiritual. Asimismo, las constantes oraciones de la profetisa Ana, una anciana viuda, prepararon el terreno para la venida del Salvador. Como muchos otros profetas del Antiguo Testamento (se habla de ella como profetisa en Lucas 2:36), Ana públicamente invitaba al pueblo de Dios para que anticipara la venida del Mesías.

3. La actitud de Jesús para con las mujeres solteras.

Mientras que la sociedad de los tiempos de Jesús empujaba a las mujeres a un plano secundario, haciéndoles sufrir horriblemente, Jesús se tomó el tiempo para tocarlas, sanarlas y liberarlas de la prisión de injusticia. Él sanó a una mujer con flujo de sangre que había gastado todo su dinero en doctores que no pudieron ayudarla (Mr. 5:25-34). Mostró compasión y extendió el perdón de Dios a las prostitutas a la vista de sus críticos (Lc. 7:36-50). Rompió cada regla de decoro cultural por ministrar a una samaritana divorciada que había sido abusada y maltratada por los hombres durante su vida (Jn. 4:7-26).

Jesús también tuvo amigas, incluyendo dos hermanas, Marta y María, que eran solteras. Tuvo mujeres en su equipo apostólico y, aunque no sabemos el estado civil de todas ellas, lo más probable es que María Magdalena no fuera casada. Jesús la escogió a ella para ser la primera en anunciar su resurrección.

En una de las escenas más conmovedoras de los Evangelios, Jesús es movido a compasión cuando se encuentra con la viuda de Naín (Lc. 7:11-17). Su mundo acababa de derrumbarse porque su único hijo había muerto, y eso borraba toda esperanza para subsistir. Con su hijo muerto, sería impulsada al último escalón de la sociedad y quizá se vería forzada a volverse una mendiga. Pero cuando Jesús pasó por el funeral, no pudo ignorar su dolor. Él resucitó a su hijo, recordándole a todo Israel la manera en que el profeta Elías, en el Antiguo Testamento, una vez ayudó a otra viuda desesperada en Sarepta (Lc. 4:24–26).

Obviamente, Jesús tuvo un lugar especial en su corazón para las viudas. Frecuentemente las usó para ilustrar sus parábolas (muchos escritores de entonces no prestaban ninguna atención a las mujeres) y seleccionó a una pobre viuda como un ejemplo de dar desinteresadamente cuando esta trajo sus dos pequeñas monedas a la tesorería del templo (Lc. 4:1-4). Cuando Jesús le dijo a la multitud que la pobre mujer había "echado más que todos" (v. 3), estaba haciendo evidente que las mujeres, incluso aquellas que la sociedad consideraba despreciables, tenían un valor excepcional ante los ojos de Dios.

A pesar de los prejuicios de los hombres, las mujeres solteras han sido usadas por Dios durante siglos para servir a la Iglesia y llevar el Evangelio alrededor del mundo. Si estudias la historia de las misiones encontrarás que algunos de los más grandes progresos espirituales fueron realizados por mujeres solteras dedicadas que dejaron atrás matrimonio y familia, que corrieron el riesgo de las enfermedades y la muerte, por la meta de iniciar la obra de Cristo en China, India, África e incluso en el Ártico.

Una de estas mujeres solteras valientes es Kayy Gordon, quien pasó cuarenta años de su vida contribuyendo con las tribus Inuit en las regiones frías del norte de Canadá. Ella sintió un llamado de

Dios para predicarles a estas personas en el año 1960, y encontró muy poco apoyo por parte de los cristianos, que sentían que no era apropiado para una mujer soltera hacer un viaje largo y difícil a la asolada tundra. Pero con la ayuda de Dios, fue de pueblo en pueblo llevando el Evangelio a la gente Inuit, en un trineo jalado por perros y después en aviones pequeños.

Cuarenta años después, cuando Kayy se retiró de la obra, ya había levantado doce iglesias y dos colegios bíblicos. Los convertidos, hombres y mujeres, ahora continúan la obra. Un notable avivamiento pentecostal ha comenzado a barrer la región ahora conocida como Nunavut. Las semillas de este resurgimiento fueron sembradas por una soltera desconocida llamada Kayy Gordon, que no tenía una "cabeza masculina", y que no se desvió de su llamado solo porque algunos criticones decían que las mujeres no podían ser evangelistas ni formar iglesias.

Cuando la revista *Charisma* publicó un reportaje de primera plana sobre el trabajo de Kayy hace varios años, ella le dijo a un reportero que algunos hombres cristianos la habían cortejado: "Sí hubo algunos que mostraron interés en mí," dijo Gordon, "pero sentí que era demasiado compromiso como para involucrarme".[3]

Lynn Paterson, una colega de Kayy en las misiones, fue inspirada por su ejemplo y se convirtió en pastora y administradora de una de las principales bases misioneras del Ártico, ubicada en Yellowknife, Canadá. Cuando *Charisma* le preguntó si planeaba casarse, Lynn dio una respuesta similar a la de Key: "¿Un esposo? Tendría que ser alguien que tuviera un verdadero llamado de Dios para viajar a catorce diferentes comunidades en el Ártico", dijo Lynn. "Yo soy una dama, nunca perseguiré a un hombre. Si Dios tiene uno para mí, lo sabré".[4]

Ninguna de estas mujeres misioneras necesitó de un hombre para tener un auténtico ministerio. Por eso me pregunto, ¿cómo sería el mundo si todas las Kayy Gordon y Lynn Paterson del mundo se quedaran en casa esperando una cabeza masculina que las proteja?

En el caso de Kayy, ese hombre tal vez nunca hubiera llegado, y miles de personas en el Ártico nunca hubieran oído acerca de Jesús. ¿Cuántos campos misioneros permanecen desolados hoy día debido a que las mujeres solteras no tuvieron permiso de los líderes de su iglesia para ir o porque pensaron que Dios no trabajaría a través de su simple disposición de fe y de la dedicación de un corazón puro?

Las mujeres solteras pueden ser llamadas, equipadas, escogidas y comisionadas para hacer cualquier cosa que el Espíritu Santo les mande que hagan, y la iglesia debe financiar sus esfuerzos en vez de poner obstáculos en su camino.

LAS MUJERES NO SON SUPLENTES

Una vez alguien me dijo que el único momento en el cual una mujer puede ser llamada al ministerio es cuando un hombre rechaza el llamado de Dios. ¿Ese punto de vista es bíblico? ¿La mujeres son "suplentes" en cuanto a roles de liderazgo?

Desde luego que no es un punto de vista bíblico, pero muchas mujeres a lo largo de la historia de la Iglesia han creído la mentira de que fueron la segunda opción de Dios. Se dice que Kathryn Kuhlman, la gran evangelista carismática que trajo una renovación que se extendió a las principales iglesias de los Estados Unidos durante los años de 1950 a 1960, creía que había sido llamada al ministerio solo porque un hombre estaba huyendo de su responsabilidad. Gladys Aylward—una misionera británica cuyo trabajo en China fue lo que inspiró la película de Hollywood "El albergue de la sexta felicidad"—, creyó que fue llamada al campo misionero solo porque un hombre se rehusó a ir.

Esta vieja apreciación viene desde los años 1800 debido a la doble moral que las iglesias estadounidenses y las agencias de misiones adoptaron con respecto a las mujeres que tenían un ministerio. Las mujeres fueron excluidas de predicar o de mantener una posición pastoral en la mayoría de las denominaciones en ese tiempo, pero si iban al campo misionero, a menudo eran empujadas inmediatamente a la rigurosa labor del evangelismo, la enseñanza bíblica y la formación de iglesias. Algunos hombres que eran líderes misioneros apoyaron esta tendencia, mientras que otros simplemente se hacían de la vista gorda y pretendían ignorarlo. Pero cuando esas mismas mujeres venían a casa de visita, se les decía que no podían pararse en un púlpito, ni mucho menos dirigirse a una audiencia, incluso aquellas que habían realizado un ministerio de predicar en público.

Muchas mujeres ministros de aquel tiempo aceptaron esta doble moral con una gracia inadecuada. Isabella Thoburn, una misionera metodista que fue enviada a la India, estuvo de acuerdo en predicar en una iglesia mientras se había tomado unos días de permiso para ir a casa, pero solo con la condición de que hablara desde el primer banco y no desde el púlpito.[1] Las mujeres como Thoburn obviamente sintieron que hacían un "trabajo de hombre" si predicaban desde un púlpito en una iglesia del mundo occidental. No obstante, se sentían mucho más cómodas haciendo esta misma labor en un país extranjero ya que estaban funcionando en el rol que un hombre había "rechazado".

Cuando comenzó a escucharse el llamado para misioneros en las iglesias occidentales, a mediados de 1800, no hay duda de que las agencias misioneras se sorprendieron por el número de mujeres que respondieron a este llamado. En realidad las mujeres fueron más dispuestas a navegar hasta las regiones primitivas del mundo; ir a lugares peligrosos donde los hombres casados no querían llevar a sus esposas e hijos debido a que corrían el riesgo de enfermarse. En vez de reconocer que Dios soberanamente estaba llamando a hombres y mujeres a los campos para la cosecha, los líderes de las iglesias racionalizaron que este ungido ejército de mujeres era una anormalidad, que se había formado porque muy pocos hombres estaban respondiendo al llamado. Así que entonces las mujeres se convirtieron en las gloriosas substitutas de Dios.

Esta idea se afianzó entre los pentecostales, en los años 1920, y nuevamente por el año 1940, después de ambas guerras mundiales, a causa de que muchos hombres fueron reclutados para el servicio militar, y había menos hombres disponibles para llenar los púlpitos. Esta es la razón por la cual muchas mujeres pentecostales encontraron una mayor apertura para predicar y pastorear. Esto fue en la década de 1940. La actitud realmente era bastante machista: "Ya que todos los hombres se han ido, tendrán que reemplazarlos." Una vez más, las mujeres eran suplentes.

Todo eso suena ridículo, pero esta extraña apreciación sigue persiguiendo a muchas mujeres hoy día. La sociedad y la Iglesia les dicen que son de segunda clase, personajes secundarios o de menor importancia que los hombres. Para eliminar esta falacia tenemos que entender lo que la Biblia dice acerca de nuestros llamados espirituales.

Dios le dijo al profeta Jeremías que él había sido apartado desde el vientre de su madre para ser un profeta para Israel. Este concepto del llamado profético desde el nacimiento se encuentra por todas partes de la Biblia. Un ángel anunció a la madre de Sansón que daría a luz a un hijo especial. Un anuncio similar le fue dado a Zacarías, el padre de Juan el Bautista. Dios le dijo al joven José en un sueño que iba a gobernar entre sus hermanos.

El rey David entendió que su vida había sido dispuesta por Dios antes de su nacimiento. Él escribió: "Porque tú formaste mis entrañas; Tú me hiciste en el vientre de mi madre (...) Mi embrión vieron tus ojos, y en tu libro estaban escritas todas aquellas cosas que fueron luego formadas, sin faltar una de ellas" (Sal. 139:13, 16). Esto es real para cada uno de nosotros, tenemos un destino. Dios simplemente no nos arroja al mundo para ver qué haremos: Él nos llena con una percepción de misión profética. El apóstol Pablo enseñó que Dios predestinó sus planes y propósitos para nosotros (Ef. 1:11-12). Después oró por los creyentes efesios para que, con una visión espiritual, pudieran "saber cuál es la esperanza a que Él los ha llamado" (Ef. 1:18). Luego Pablo explicó que cada uno de nosotros como creyentes, hemos sido creados con un propósito especial:

> Porque somos hechura suya, creados en Cristo Jesús para buenas obras, *las cuales Dios preparó de antemano* para que anduviésemos en ellas.
>
> —EFESIOS 2:10, ÉNFASIS AÑADIDO

Si esto es cierto, entonces obviamente hombres y mujeres son llamados por Dios desde el nacimiento para cumplir con tareas específicas. En ninguna parte de la Biblia nos dice que si no cumplimos con nuestro llamado, Dios se lo dará a alguien más. Por ejemplo, en la historia de Jonás, Dios se enojó con Jonás cuando huyó de su llamado. Los tres días y noches que pasó el reacio profeta en el vientre del pez le enseñaron que no es sabio huir de Dios. Dios no buscó a otro para sustituir a Jonás, sino que trató con el profeta fugitivo.

Las tareas celestiales no solo se dan a los hombres. Las profetisas del Antiguo Testamento, tales como Ana y Débora, obviamente hablaron por inspiración y llevaban consigo la percepción de un llamado divino. Cuando el Señor comenzó ese pacto con Abram y cambió su nombre a Abraham, incluyó a Sarai en la promesa y le habló de su misión profética. Dios le dijo: "A Sarai tu mujer no la llamarás Sarai, mas Sara será su nombre. Y la bendeciré, y también te daré de ella hijo; sí, la bendeciré, y vendrá ser madre de naciones; reyes de pueblos vendrán de ella". (Gn. 17:15-16).

Cuando Ana dio a luz a Samuel y lo envió al sacerdote Elí para que fuera criado en el templo, ella creó un cántico de alabanza para Dios que celebra su llamado especial. Débora hizo un cántico similar en Jueces 5, en el cual alaba al Señor por el hecho de que Él la usó para reorganizar a Israel en la guerra para vencer al ejército de Sísara. Débora entendió su llamado como líder en Israel, y supo por visión divina dónde encajaba en el gran proyecto del eterno propósito de Dios. Obviamente, la virgen María tuvo este mismo sentido de destino después que quedó embarazada con el Mesías. Ella cantó: "Porque ha mirado la bajeza de su sierva; pues he aquí, desde ahora me dirán bienaventurada todas las generaciones. Porque me ha hecho grandes cosas el Poderoso; Santo es su nombre" (Lc. 1:48-49).

No obstante, hay un personaje bíblico que ilustra mucho mejor el hecho que Dios puede y llama a las mujeres para tareas específicas. Su nombre era Ester, y el libro completo del Antiguo Testamento está dedicado a su dramática historia; historia que nos recuerda que la mejor arma de Dios es a menudo una mujer.

No sabemos qué estaba pasando por la mente de Ester cuando era una jovencita, o si tenía alguna sensación especial de un llamado o un destino. Sabemos que sus padres habían muerto cuando ella era muy joven, y que Mardoqueo, el mayor de sus primos, la adoptó como a su propia hija. Mardoqueo era un hombre piadoso y probablemente Dios le había dado una visión acerca de esta jovencita especial. Quizá se dio cuenta de que Ester había sido preservada para una tarea sagrada.

Aquella labor se volvió más clara cuando esta doncella judía fue confiscada de su casa por los guardias del palacio y enviada a una audición para pertenecer al harem del rey Asuero. Cuando Mardoqueo se enteró de que el rey estaba siendo engañado al ordenar el genocidio de todos los judíos, se dio cuenta de que, aunque Ester fue puesta en una posición peligrosa y comprometedora, fue Dios quien la había colocado ahí para su propósito. Ella sería el instrumento que Dios usaría para librar a su pueblo.

Mardoqueo descubrió el malvado complot del enemigo y después le dio instrucciones a Ester para que interviniera hablando con el rey. Su misión iba acompañada de un riesgo increíble, pero Mardoqueo le dijo: "¿Y quién sabe si para esta hora has llegado al reino?" (Est. 4:14).

Desde luego, la intervención de Ester salvó a una nación; sin embargo la Biblia nunca nos dice que ella fue la segunda opción de Dios para llevar a cabo esta labor, o que un hombre habría hecho un mejor trabajo. No, Dios la había formado "desde la fundación del mundo" para hablar en nombre del pueblo de Dios. Así como Moisés, quien también fue destinado desde su nacimiento para crecer en la casa de Faraón y liberar al pueblo de Dios de la esclavitud egipcia, Ester fue nombrada como la mensajera de Dios. Ella no fue la segunda opción de Dios, ni tú tampoco lo eres. Como Ester, tu obediencia a un llamado celestial puede tener como resultado la liberación espiritual de miles de personas. No esperes a que un hombre te envíe. No esperes a que un hombre te certifique. Has sido llamada "para un tiempo como éste".

Pregunta 11

JUEGO DE ROLES Y OTROS JUEGOS TONTOS

Estoy desanimada porque hay muy pocas oportunidades para servir en mi iglesia. La mayoría de las posiciones son solo para hombres y no me siento particularmente capacitada para servir con los niños. ¿Qué debo hacer?

LAS IGLESIAS EVANGÉLICAS conservadoras han desarrollado ideas raras acerca de lo que los hombres y las mujeres pueden hacer en el servicio. Se asume que solo un hombre puede dirigir (ya que es la "cabeza") y que solo los hombres deben enseñar las Escrituras a grupos mixtos. Así que se selecciona a los hombres para que estén al frente de los comités y sirvan como puntas de lanza en proyectos de alcance o en clases, aun cuando suela haber mujeres dispuestas y capacitadas para servir. Así mismo a las mujeres se les exhorta a desempeñar papeles de apoyo, cuando en realidad podría ser un hombre quien tuviera mayor capacidad para llevar a cabo esas funciones.

Todo este encasillamiento se basa en una idea nebulosa de roles bíblicos para los hombres y las mujeres. Aunque esos roles no estén definidos en las Escrituras, se han pasado estas tradiciones de una generación a otra, y luego han sido sostenidas por los tradicionalistas en nuestros seminarios. Hoy, esos tradicionalistas nos advierten que si permitimos que las mujeres enseñen la Biblia o pastoreen una iglesia, esto destruiría el "papel bíblico de la mujer" y por lo tanto nos llevaría a todos a la herejía y la depravación cultural. Y, dicen, la institución de la familia sería aniquilada porque las mujeres abandonarían su hogar para perseguir metas o carreras que no están dentro de este papel femenino.

No olvidemos que los cristianos en los Estados Unidos utilizaron esos mismos argumentos entre 1890 y 1900 para intentar detener a las mujeres de obtener el derecho al voto. En un panfleto llamado *Woman Suffrage* (Sufragio femenino), el predicador conservador John Milton Williams, en 1893 aseguraba que la mujer era la "guardiana del hogar por designio divino". Él sostenía que a causa de esta responsabilidad, la mujer "no tenía llamado alguno a las urnas".[1] Los obispos católico-romanos de Massachusetts aparentemente concordaban con Williams porque votaron, en 1920, que una mujer que entrara a la esfera política se considerara "una mujer caída".[2] Otras iglesias conservadoras en esa época también aprobaron resoluciones que se oponían al sufragio femenino.

En 1920, un periódico cristiano fundamentalista reprendía a las mujeres por entrar a la fuerza laboral, advirtiendo que la nación se desintegraría como resultado. "La misión distintiva y la misión suprema de la mujer es el hogar", dijo el *Watchman-Examiner*.[3] Otras voces religiosas conservadoras se oponían al sufragio femenino sobre la base de que los movimientos sociales de reforma no eran necesarios porque el regreso de Jesucristo era inminente.

Así que, ¿cuál es el papel bíblico de una mujer? Esta es una pregunta verdaderamente rara, ya que las mujeres de la Biblia llevaron a cabo toda clase de responsabilidades. Eran profetas, empresarias, reinas, siervas, esclavas, diaconisas, parteras, madres, cantantes, bailarinas, evangelistas, mensajeras...y la lista podría seguir. Sería difícil trazar límites y decir que las mujeres solo fueron una cosa u otra. La Biblia, de hecho, dice que cada persona es creada a la imagen de Dios con talentos y llamados únicos. ¿Por qué querríamos limitar a una persona a un papel en particular?

No todas las mujeres están casadas, ni todas las mujeres son madres. Por lo tanto, es muy raro que la iglesia le haya dicho a la mujer que su papel es encargarse de la casa y criar a los niños. Y solo porque las mujeres tengan hijos, ¿significa esto que criarlos es su única responsabilidad en la vida? Ciertamente no decimos eso de los hombres que son padres.

Necesitamos admitir que toda la discusión acerca de los roles es una manera religiosa de cubrir el machismo y el orgullo. Lo que realmente estamos implicando cuando definimos este famoso papel de la mujer es que Dios no quiere que asuma "el papel de un hombre". Y, ¿cuál es el "papel bíblico" del hombre? De nuevo los tradicionalistas lo definen estrechamente al decir que un hombre está llamado a dirigir a su familia y a la iglesia. Pero, de nuevo, veamos a los hombres en la Biblia. ¿Todos eran líderes? No, ellos también tenían todo tipo de responsabilidades.

Eran apóstoles, granjeros, pastores, guerreros, sacerdotes, reyes, profetas, médicos, escribas, eruditos, poetas, músicos y artesanos. Algunos eran casados y otros no. Algunos tenían grandes responsabilidades; otros no tenían título ni gobernaban nada.

Por supuesto, la Escritura pide que los hombres sean hombres y las mujeres sean mujeres. Dios no respalda la androginia, la homosexualidad o cualquier forma de trasgresión de género. Dios se glorifica cuando los hombres actúan varonilmente y las mujeres femeninamente.

Pero una mujer no necesita tener hijos para ser femenina, ni un hombre necesita ser un líder para ser varonil. Conozco a varios hombres cristianos varoniles y piadosos que tienen trabajos de servicio en los cuales no tienen autoridad sobre otros empleados. Algunos de los tipos más viriles que conozco son siervos humildes que en particular no se sienten llamados a ser líderes, y conozco muchas mujeres cristianas que son ejemplo de gracia femenina, y sin embargo, pastorean iglesias de más de mil miembros.

Un hombre que trabaja como conserje no se vuelve afeminado simplemente porque no tiene autoridad sobre alguien más. De la misma forma, una mujer que atiende una congregación y predica desde un púlpito cada semana no se vuelve varonil ni tiende a convertirse poco a poco en un hombre. Ella simplemente está obedeciendo al llamado de Dios en su vida.

Mitos de género en la Iglesia

La suposición de que "los hombres siempre dirigen y las mujeres siempre los siguen" ha creado un juego de mitos disfuncionales en la Iglesia. Algunos de los mitos incluyen:

1. Las mujeres son más apropiadas para el ministerio de niños.

Eso es ridículo porque muchas veces los hombres tienen el don de comunicar el Evangelio a los niños. Solo porque las mujeres se encarguen de los bebés y de los niños en casa, no significa que quieran invertir las mañanas del domingo en el ministerio de las cunas; sin embargo, típicamente las encasillamos en este papel.

Jesús, como hombre, se relacionaba bien con los niños; y reprendió a los discípulos por minimizar la importancia de los niños en el Reino. Nunca diríamos que las mujeres son mejores para criar hijos que los hombres; porque se necesita tanto a una madre como a un padre para tener un buen equipo de padres. Por la misma razón, necesitamos tanto hombres como mujeres ministrándoles a los niños.

2. Las mujeres son más adecuadas para el ministerio de la oración.

Esta es una apreciación completamente antibíblica, pero muchos pastores promueven la idea de que "las mujeres oran mejor" porque no les permiten hacer nada más a las mujeres. La Biblia, ciertamente, no segrega la reunión de oración por género.

Sí, hay multitud de ejemplos de intercesoras poderosas en la Biblia, como Ana, la madre de Samuel, y Ana, la profetisa. Los líderes de iglesias conservadoras aman aplaudir a estas guerreras de oración como grandes ejemplos bíblicos para las mujeres de hoy; sin embargo, fallan en mencionar a otras heroínas bíblicas como Débora o María que tuvieron posiciones principales de gobierno. Mientras tanto, los hombres raras veces son exhortados a emular la vida de oración de intercesores masculinos como Daniel, cuando

Dios ciertamente llama a algunos hombres a vivir vidas de devoción en lo secreto con Él.

3. El ministerio más valioso de una mujer es ser madre.

Aunque esta declaración suena loable (¿quién quiere minimizar el impacto del amor de una madre?), a menudo hay una actitud detrás de la misma. Esa actitud dice: "El papel de una mujer es estar en la casa con los niños; para eso fue creada y para nada más". Eso no ayuda mucho a una mujer soltera, excepto sugerir que la única manera en la cual puede tener valor para Dios y la Iglesia es casándose y teniendo sus propios hijos. Tampoco ayuda mucho a las mujeres que no tienen hijos. ¿Y qué les está diciendo a las mujeres que ya tienen hijos crecidos? ¿Se supone que ahora inviertan toda su energía en sus nietos?

4. Las mujeres son más adecuadas para las posiciones de apoyo.

El modelo religioso tradicional dice que las iglesias pueden contratar a las mujeres como secretarias, asistentes administrativos y recepcionistas. Las mujeres no deben solicitar responsabilidades en el ministerio que les den autoridad en la congregación. Otra vez, eso no es bíblico (tal y como lo hemos establecido a lo largo de este libro) porque tenemos ejemplos en la Biblia de mujeres quienes se les dio una autoridad eclesiástica sustancial.

Y la Escritura no dice que el don de presidir, mencionado en Romanos 12:8, es dado exclusivamente a los varones. Ni tampoco dice si alguno de los oficios del ministerio quíntuple, mencionados en Efesios 4:11 (apóstol, profeta, pastor, maestro y evangelista) es solo para hombres. De hecho, Pablo nos da requisitos específicos de carácter para las mujeres que sirven en el ministerio. (Véase 1 Timoteo 3:11; Tito 2:3-5).

5. Las mujeres nunca son llamadas para dirigir la adoración

A pesar del hecho de que la primera líder de alabanza en la Biblia fue una mujer (María), en las iglesias conservadoras es raro que se le delegue esta responsabilidad a una mujer. ¿Significa esto que las mujeres no tienen el mismo nivel de talento musical? ¿Significa que ellas no pueden manejar la presión de estar frente a una multitud? Algunos tradicionalistas argumentarían que una mujer no debería dirigir la adoración porque al hacerlo estaría en una "posición de autoridad" sobre los hombres. ¡Qué ridículo! ¿Está ella golpeando a los hombres con un látigo para hacerlos cantar?

A una mujer que conozco se le dijo que podía dirigir la adoración interinamente en su iglesia, ¡pero se le pidió que lo hiciera desde el piso del auditorio y no desde el púlpito! Políticas tan extrañas están más enraizadas en una tradición religiosa de la carne que en un principio bíblico.

Una denominación conservadora en los Estados Unidos les prohíbe a las mujeres que dirijan la adoración, sin embargo su himnario está lleno de canciones clásicas de Fannie Crosby (1820-1915), la cantante ciega que escribió más de mil himnos incluyendo "Blessed Assurance" (En Jesucristo, mártir de paz) y "All the Way My Saviour Leads Me". ¿Cómo puede ser aceptable que ella escriba los himnos que cantamos, pero que no pueda cantarlos frente a la congregación?

Darlene Zschech, prolífica compositora y exdirectora de alabanza de Hillsong Church en Australia, ha compuesto docenas de canciones de alabanza que hoy se cantan en iglesias alrededor del mundo. Muchas iglesias conservadoras hoy cantan el famoso himno de Darlene "Canta al Señor", pero nunca le permitirían dirigir la canción desde el púlpito por su política sexista. Mientras tanto, ¿cuántas directoras de alabanza talentosas han sido ignoradas para ocupar algún cargo porque ese no es el "papel de una mujer"?

6. Las mujeres nunca pueden enseñar la Biblia si hay hombres en el grupo.

Vamos a examinar esta manera de pensar en los capítulos dieciocho y veinte. A pesar del hecho de que hay ejemplos bíblicos de mujeres en posiciones principales de autoridad (Débora, en Jueces 4), así como ejemplos de mujeres enseñado a hombres (Pr. 8; Priscila, en Hechos 18:26), las tradiciones religiosas mueren lentamente. Posiblemente pase otra generación antes de que libremos a la iglesia de este espíritu paralizante de prejuicio por el género; una actitud que sigue frenando el avance del Evangelio.

Pero, ciertamente, hay algunas señales de que las cosas están cambiando. Se está haciendo cada vez más difícil para los tradicionalistas ignorar la unción que reposa sobre predicadoras, pastoras y maestras de la Biblia prominentes hoy día porque cada vez se oye más su voz y porque los hombres las están escuchando. Muchas de estas mujeres, incluyendo a Beth Moore, Joyce Meyer, Priscilla Shirer, Stormie Omartian, Anne Graham Lotz y Lisa Bevere tienen programas de televisión, cursos de estudio bíblico y libros de gran venta en los Estados Unidos. Su influencia no puede negarse; y no van a desaparecer.

De hecho, se están levantando mujeres ungidas en la iglesia global en Europa, África, Asia y Sudamérica. Están rompiendo todas las anticuadas reglas religiosas y derribando todos los mitos con su ejemplo. Es tiempo de que las bendigamos y reconozcamos que han sido comisionadas y capacitadas para representar a Cristo en esta generación.

Pregunta 12

ATRÉVETE A SER UNA PIONERA

¿La Biblia dice que las mujeres siempre deben dejar que los hombres inicien las cosas? Se me ha dicho que las mujeres que comienzan iglesias o ministerios son rebeldes. Esto me ha impedido tomar la iniciativa en el ministerio.

HOY EN MUCHAS iglesias hay una regla no escrita que dice que los hombres siempre deben *señalar el camino*. A causa de esta idea, las mujeres que intentan dirigir son vistas con recelo y se les insta a que pongan sus ambiciones espirituales en una repisa. La premisa básica es que, como el hombre fue creado primero y fue hecho "cabeza de la mujer", él siempre va primero.

Esto puede sonar como una teoría convincente, pero no tiene una base bíblica. Dios no siempre acude a un hombre primero cuando quiere comenzar algo. Hay muchos ejemplos en la Biblia en los cuales Dios llamó primero a mujeres para hacer su voluntad. Las parteras hebreas, Sifra y Fúa, tomaron cartas en el asunto y desobedecieron el edicto de faraón cuando les ordenó que mataran a todos los niños de los israelitas (Éx. 1:15-21). Las cinco hijas de Zelofehad le dieron de topes y tambalearon el sistema patriarcal de su época cuando apelaron a Moisés y le pidieron propiedades y derechos de herencia, en un época cuando a las mujeres les era negado esto (Nm. 27:1-11). Y Moisés decidió a su favor, dándole a la mujer más libertad en el primitivo Israel.

Débora, la profetisa fue responsable de convocar ella sola a las tribus de Israel para ofrecer voluntarios para la guerra contra los cananeos (Jue. 4), y su valor inspiró la valentía que llevó a una victoria impresionante. La doncella Jael, inspirada por el ejemplo de Débora, tuvo las agallas para matar a Sísara, el líder de los cananeos, mientras él dormía. El celo de Débora la profetisa y la valentía astuta de Jael jugaron un papel estratégico en el triunfo militar de Israel.

Cuando Dios decidió anunciar el nacimiento de Sansón, envió a su ángel, no al padre del niño, Manoa, sino a su madre (Jue. 13). De hecho, cuando Manoa expresó sus dudas acerca de las instrucciones del ángel, el ángel volvió…¡otra vez a la esposa de Manoa! Al parecer ella tenía más fe y discernimiento espiritual que su esposo.

Ana se negó a ser desalentada por Elí el sacerdote, quien la ridiculizó por orar tan apasionadamente. Elí, de hecho, no tenía idea de lo que estaba sucediendo con Ana; no discernió lo que el Espíritu Santo estaba concibiendo en ella, una profunda carga por la restauración espiritual de su nación. La carga de Ana fue premiada cuando Dios le dio un hijo quien sería un profeta para la nación.

Ester arriesgó su vida para desarrollar un plan que salvaría a su pueblo del genocidio. Aunque su primo Mardoqueo la apoyaba desde afuera de los muros del palacio, solo ella y sus doncellas podían llevar a cabo la misión celestial. Es obvio que las mujeres en ocasiones son la primera opción de Dios.

En el Nuevo Testamento, el máximo plan de redención para el mundo le fue revelado a una jovencita, María, quien fue escogida para llevar al Salvador. Dios no envió al ángel anunciador primero a José para obtener su permiso. José no tuvo poder de decisión en el asunto, y probablemente hubiera roto su compromiso de casarse con María si Dios, más tarde, no le hubiera dado instrucciones detalladas en un sueño.

Gretchen Gaebelein Hull, en su libro *Equal to Serve* (Iguales para servir) señala que el papel de María en el plan de salvación desbarata la tonta idea de que las mujeres nunca deben tomar la iniciativa:

> He ido a seminarios en los que he escuchado que como mujer no puedo tomar decisiones independientemente de mi marido, padre o pastor, porque toda mujer debe tener cierta forma de figura de autoridad masculina en su vida a quien rendirle cuentas. También he escuchado a los oradores cristianos decir que un esposo, padre o pastor puede vetar o negar un voto que una mujer

haya hecho al Señor o denegar una decisión que haya tomado para el servicio cristiano.

Pero si Dios quería utilizar una "cadena de mando", le hubiera enviado el llamado a María a través de José, o de su padre o de su líder en la sinagoga. Sin embargo, ineludiblemente, el mensajero angelical de Dios le habló directamente a María. Por lo tanto, el registro en la Biblia de la vida de María contradice tales enseñanzas.[1]

María tuvo que estar sola durante esta etapa poco usual de su vida. Hull sugiere que María probablemente no tenía todo el apoyo de sus padres después de quedar embarazada. Es posible que no pudieran manejar el estigma de tener una joven embarazada soltera en casa, y esto explicaría por qué María fue enviada a vivir con su prima Elizabet. (Elizabet de una forma similar, tuvo que resistir sola. Ella entendió el plan de Dios más claramente que su esposo, Zacarías, quien era tan incrédulo que quedó mudo hasta que nació Juan el Bautista).

El apóstol Pablo ciertamente desechaba la idea de que las mujeres son solo "seguidoras". De hecho, en su multicitado pasaje acerca del "liderazgo varonil", él estableció claramente que las mujeres también son iniciadoras (1 Cor. 11:3-16). Él escribió en 1 Corintios 11:11-12:

> Pero en el Señor, ni el varón es sin la mujer, ni la mujer sin el varón; porque así como la mujer procede del varón, también el varón nace de la mujer; pero todo procede de Dios.

Versículos antes, Pablo les dirigió preguntas a los líderes corintios acerca de si una mujer debería usar velo o tocado al orar o profetizar en la iglesia. Los ancianos corintios muy probablemente estaban tratando de callar a las mujeres en sus reuniones, fundamentando sus acciones en el hecho de que la primera creación de Dios fue Adán. Pero Pablo desechó completamente ese argumento.

Aunque Pablo estaba de acuerdo con que el hombre es, en verdad, "cabeza de la mujer" (v. 3), dando a entender con esto que Adán fue creado primero y que Eva salió de su costado, el apóstol dijo que esto no les daba a los corintios ninguna razón para callar a las mujeres o limitar en forma alguna su participación en la vida espiritual. El erudito bíblico Gilbert Bilezikian, quien llama a los versículos 11 y 12 una "arrolladora cláusula de exoneración", sugiere que podríamos parafrasear este pasaje de esta forma:

> Sin importar lo que antes se haya dicho o enseñado al respecto, en el Señor, esto es, dentro de la unidad que existe entre cristianos, la mujer no deben ser vista aparte del hombre, ni el hombre de la mujer. Porque así como la mujer originalmente fue hecha del hombre, ahora el hombre es hecho con la intervención de la mujer. Así que todo se equilibra. Solo hay uno que tiene la primacía original, y ese solo es Dios, la verdadera fuente de todas las cosas (incluyendo al hombre y a la mujer).[2]

¡La Escritura no podía ser más clara! Pablo dijo que los hombres no debían usar su calidad de "cabeza" (su primacía en el orden de la creación) de ninguna manera para alegar superioridad sobre la mujer o independencia de ella. ¡Sin embargo, los conservadores evangélicos son culpables de hacer justamente eso! Aseveran que los hombres siempre deben "ir primero" y "guiar el camino" porque "Adán fue creado primero". ¿Por qué entonces seguimos aferrados al asunto de "ser cabeza" mientras ignoramos el ultimátum apostólico en este pasaje?

Lo que los hombres en la iglesia deberían estar haciendo es exhortar a la mujer a arriesgarse, a caminar en fe y ponerse metas ambiciosas para el ministerio. Deberíamos estar impulsándolas. Deberíamos abrirles las puertas y gentilmente empujarlas para que tomen nuevas oportunidades. Hay mucho territorio nuevo que pudiera ganarse para el Reino de Cristo si nuestras mujeres no estuvieran tan condicionadas a esperar a que los hombres den el primer paso.

Y cuando las mujeres se arriesguen y muestren iniciativa, los hombres en la Iglesia no deberían sentirse amenazados. ¡Deberíamos aplaudirles! Y ciertamente no tenemos por qué etiquetarlas como *rebeldes* porque obedecieron la dirección del Espíritu o se atrevieron a cumplir con la Gran Comisión.

Las mujeres que están asumiendo papeles de liderazgo, plantando iglesias o comenzando nuevos ministerios, no son rebeldes. De hecho, las mujeres verdaderamente rebeldes son aquellas que rechazan la voz del Señor cuando Él las llama a que salgan de su timidez y reclusión.

Mujeres motivadoras

Yo estoy muy agradecido de que muchas mujeres están rechazando las mentalidades religiosas dañinas que habían sido levantadas como barricadas por Satanás mismo. En mis años como editor de la revista *Charisma* llegué a conocer y escribir acerca de cientos de mujeres que están utilizando su creatividad y dones espirituales para pastorear iglesias, fundar orfanatos, lanzar alcances evangelizadores e incluso reclamar a las naciones para Cristo. Muchas veces su celo y tenacidad me han motivado, como hombre, para buscar a Dios con más fidelidad. Estas mujeres no me intimidan: ¡me inspiran!

Jackie Holland; Dallas, Texas

Jackie Holland ciertamente no iba a esperar a que un hombre la guiara. Todos los hombres con los que había convivido habían sido abusivos. De hecho, ella le había dado un balazo a uno de sus maridos después de que descubrió que él había cometido adulterio. Milagrosamente él no la denunció. Pero el dolor de sus cuatro matrimonios fallidos la llevó a la fe en Jesús.

Cuando conocí a Jackie, años después de su conversión, ella había decidido permitirle a Dios que usara la basura de su vida para alcanzar a otras mujeres. Comenzó una despensa de alimentos en un área pobre de Dallas, y ese ministerio luego la llevó a comenzar una estrategia de alcance a las bailarinas de clubes de *striptease* y prostitutas. Jackie ha sido una gran ayuda para muchas mujeres que estaban buscando una salida en la industria del entretenimiento para adultos. La última vez que hablé con ella, estaba levantando fondos para comprar las instalaciones de un asilo de ancianos en quiebra. Ella planea convertirlo en un refugio para mujeres golpeadas. Cuánto necesitamos a más mujeres como Jackie para sentir el latir del corazón de Dios por la gente que ha sido abusada o maltratada.[3]

Danita Estrella; Haití

Danita Estrella no estaba esperando que Dios la llamara al trabajo misionero a tiempo completo, pero de pronto sintió el tirón, al final de los años noventa, durante una visita a Haití. Cuando ella vio a algunos de los niños indigentes desenterrando comida en un basurero y fue testigo cuando un hombre golpeaba a un niño con un látigo en la calle, se le rompió el corazón. Sin ayuda, Danita comenzó el orfanato Hope for Haiti (Esperanza para Haití) con un poco más que compasión y algo de dinero de unos amigos.

Hoy, esta exmodelo promocional es madre de docenas de niños haitianos, algunos de los cuales están infectados con el virus del sida. Compró un edificio, comenzó una escuela e incluso comenzó una iglesia para la empobrecida comunidad donde ahora tiene su casa. Hoy, siempre que da una conferencia, la gente "adopta" a sus huérfanos haitianos al comprometerse a apoyarlos financieramente.[4]

Diane Dunne; Nueva York

Me parece algo bueno que la pastora Diane Dunne no esperara a que un hombre la guiara, porque ninguno de los pastores que ella conoce en la ciudad de Nueva York hubiera estado dispuesto a ayudarla con su manera tan distinta de alcanzar a los indigentes. Los miércoles por la tarde, cerca de trescientos indigentes se reúnen en la esquina de la Avenida C y la callen Novena, en Lower East Side, Manhattan, para recibir salchichas gratis, comestibles y un sermón de esta predicadora valiente que tiene un pesado acento de Brooklyn.[5]

Ella le dijo a *Charisma*: "Vivo por fe, pues no se me abren las puertas para dar una conferencia o para levantar fondos porque soy mujer. Si eres una mujer, tienes que trabajar el doble de duro en el Cuerpo de Cristo". Dunne, anteriormente ejecutiva de una compañía de cosméticos, renunció a su carrera y se mudó cuarenta y un veces, mientras ahorraba severamente para comprar una casa. Ha sacrificado todo para servir a Jesús entre los pobres. ¿Debemos detenerla porque no esperó a que un hombre comenzara el ministerio en el cual ella está?

Suzette Hattingh; Alemania

La evangelista sudafricana Suzette Hattingh nunca se imaginó que un día Dios la fuera a enviar a lo que ella consideraba el cementerio de los misioneros: Europa oriental. Pero hoy ella tiene las oficinas de su ministerio, llamado Voice in the City (Voz en la Ciudad), en Frankfurt, Alemania. En 2001 dirigió una campaña a nivel de toda la ciudad en Deggendorf, que llenó de energía a las iglesias que tenían problemas y llevó a cientos de personas a su primera experiencia de conversión. "Europa está seca, pero creo que no existe un país que no se pueda alcanzar", dice.

Felizmente para Hattingh, ella tuvo el apoyo de un hombre; el evangelista alemán Reinhard Bonnke. Él la empleó en su personal durante años como su coordinadora de oración, pero dice que Dios le dijo, en 1997, que dejara que "Suzette volara como un águila". Si solo más líderes de congregaciones estuvieran dispuestos a permitir que las mujeres despegaran por sí solas.[6]

Cathi Mooney; San Francisco

Pocos hombres son tan atrevidos como Cathi Mooney, por lo menos que yo conozca. Anteriormente era una experta en agencias publicitarias, intercambió su ropa de mujer de negocios y sus peinados de salón por camisetas teñidas en franjas, pantalones vaqueros y rizos tipo rastafaris para poder alcanzar a los hippies sin hogar y a los drogadictos que gustan de la música estridente en el distrito de Haight-Asbury, en San Francisco.

En 1993, Cathi lanzó el *The Pioneer Project* (El Proyecto Pionero) para darles el Evangelio: camas calientes y orientación acerca de las drogas, completamente gratis, a algunos de los dos mil muchachos que duermen en las calles de la ciudad cada noche.

No contenta con su plataforma ministerial, una casa victoriana de tres pisos en Asbury Street, Mooney ahora está implantando otros puntos evangelísticos para alcanzar a los viajeros hippies en otros países. Una de sus cargas es evangelizar a los muchos hippies israelíes que viajan a Nepal para tener un éxtasis espiritual.[7]

Todas estas mujeres tienen una cosa en común: Dios les dio una visión, y la persiguieron con fe. Ninguna de ellas tenía un apoyo extraordinario de parte de los hombres. De hecho, algunas de ellas han experimentado oposición de los hombres y han tenido que mantenerse firmes, sin ofenderse. Estas mujeres merecen nuestro apoyo total, y también muchas otras que todavía no se han aventurado a cumplir con su destino. ¿Qué ejército de mujeres podríamos soltar hoy, si la Iglesia desechara las ridículas ideas acerca del concepto de ser cabeza, que paraliza nuestros esfuerzos por evangelizar el mundo?

Pregunta 13

HOMBRES FUERTES, MUJERES DÉBILES

No creo que Dios haya equipado a las mujeres con los mismos dones que a los hombres. Después de todo, la Biblia dice que la mujer es "vaso más frágil". ¿Por qué se esperaría que ellas dirigieran cuando el Nuevo Testamento dice que se supone que deben ser "suaves" y "calladas"?

LOS TRADICIONALISTAS AMAN citar un versículo bíblico en particular acerca de que la mujer es "vaso más frágil", para elaborar un argumento a favor de limitar la influencia o impacto espiritual de la mujer. Se supone que, como las mujeres normalmente no son tan musculosas como los hombres, y como sus cuerpos están diseñados para dar a luz hijos y alimentarlos, de alguna manera esto las descalifica para dirigir, enseñar la Escritura o asumir una responsabilidad espiritual. Lo que se implica es que la fortaleza masculina (es decir, fuerza muscular, barbas y testosterona) califica a una persona para el liderazgo.

Esto es ciertamente lo que los antiguos filósofos creían. Ellos adoptaron todo tipo de conclusiones extrañas acerca de las mujeres, basadas en sus observaciones negativas del cuerpo de la mujer. El filósofo alejandrino Philo, por ejemplo, enseñó que como la mujer era suave al toque, esto quería decir que ella "fácilmente da lugar y es atrapada por falsedades plausibles que tienen apariencia de verdad".[1]

El filósofo griego Aristóteles escribió que las mujeres eran "defectuosas por naturaleza", a causa de la biología. Él creía esto porque las mujeres: "No pueden producir semen, el cual contiene a un ser humano completo".[2] Obviamente, Aristóteles y sus colegas griegos no entendían la ciencia de la reproducción muy bien que digamos. Él también enseñó que la inferioridad de la mujer se debía a que carecía de suficiente calor en su cuerpo para *cocinar* su fluido menstrual ¡hasta el punto de que se volviera semen![3]

Mientras tanto, Platón enseñó que las mujeres no eran completamente humanas porque carecían de características masculinas. "Son solo los varones quienes fueron creados directamente por los dioses y a quienes les fueron dadas almas", escribió.[4] Ideas tan degradantes, enraizadas en el paganismo, desafortunadamente fueron importadas por los padres de la joven iglesia cristiana. San Agustín llevó la filosofía griega a su conclusión natural y enseñó que la mujer no había sido creada a la imagen de Dios. Otro reverenciado padre de la iglesia, Clemente de Alejandría, creía que lo que hacía a un hombre superior era su barba y su vello corporal. Él escribió:

> Por decreto de Dios, la vellosidad es una de las cualidades observables en el hombre, y, por eso es distribuido sobre todo su cuerpo. Como lo que es velludo es por naturaleza más seco y cálido que lo que está desnudo, por lo tanto, el varón es más velludo y de temperatura corporal más alta que la mujer; el no castrado que el castrado; el maduro que el inmaduro.[5]

Todo esto es tontería. No hay absolutamente nada en la Biblia que diga que los varones son superiores a las mujeres o que el valor de una persona esté determinado por si tiene pene, fuerza muscular o vello corporal. Lo más trágico es que esas ideas extrañas y paganas fueron abrazadas por los líderes de la iglesia en el tercer y cuarto siglos, y después pasadas a algunos de los líderes más citados del periodo de la Reforma, incluyendo a Martín Lutero, Juan Calvino y Juan Knox.

Todos estos hombres promovían puntos de vista sexistas que estaban más de acuerdo con las tinieblas espirituales de la antigua Grecia y Roma que con el cristianismo. Y aun así, los escritos y los puntos de vista teológicos de los reformadores siguen dándole forma a nuestros seminarios hoy en día. No es de extrañar que nuestras iglesias estén todavía plagadas de prejuicios de género.

Además de este ofensivo punto de vista del cuerpo de la mujer, los filósofos antiguos, así como los primeros líderes de la iglesia, veían a las mujeres como más débiles intelectual, emocional y moralmente. Las mujeres eran tipificadas como estúpidas e irracionales; como que eran engañadas fácilmente, que era imposible enseñarles y no se podían controlar sexualmente. Por lo tanto, se les enclaustraba, se les negaban derechos civiles, se les trataba como a esclavas y se les negaban oportunidades para estudiar; lo cual, por supuesto, las mantenía en la ignorancia. Estos puntos de vista fueron usados a través de la historia para evitar que las mujeres obtuvieran su derecho al voto, poseyeran propiedades y asistieran a la universidad. Todavía se utilizan los mismos argumentos para dejar a las mujeres fuera del ministerio.

Yo me di cuenta de lo que sucedía hace unos pocos años, cuando le pedí a un teólogo prominente, en un seminario muy respetado, que revisara algo que él había escrito acerca de las pastoras. Sabía que este hombre no creía que las mujeres deberían estar al frente de una congregación, pero yo quería saber exactamente en qué versículos de la Escritura él basaba sus puntos de vista. Quedé perplejo cuando descubrí que no basaba su teología en ninguna Escritura, sino más bien en su propia teoría fuera de la Biblia, de que "las mujeres son más débiles intelectualmente que los hombres y por lo tanto no son capaces de enseñar doctrina".

¡Este hombre es un líder respetado intelectualmente! Aun así, se aferra a una superstición medieval que dice que las mujeres están discapacitadas intelectualmente. (La gente, en los años de 1800, solía decir lo mismo de los esclavos africanos hasta que esos mismos esclavos fueron liberados, aprendieron a leer, asistieron a la universidad y se convirtieron en científicos, inventores, educadores, reformadores sociales, abogados y funcionarios del gobierno.)

Los tradicionalistas a menudo citan dos pasajes de la primera epístola del apóstol Pedro para apoyar la idea de que la mujer es débil. Examinemos ambos versículos. El primero está dirigido a las mujeres:

Vuestro atavío no sea el externo de peinados ostentosos, de adornos de oro o de vestidos lujosos, sino el interno, el del corazón, *en el incorruptible ornato de un espíritu afable y apacible,* que es de grande estima delante de Dios.

—1 PEDRO 3:3-4, ÉNFASIS AÑADIDO

El segundo pasaje está dirigido a los maridos:

Vosotros, maridos, igualmente, vivid con ellas sabiamente, *dando honor a la mujer como a vaso más frágil,* y como a coherederas de la gracia de la vida, para que vuestras oraciones no tengan estorbo.

—1 PEDRO 3:7, ÉNFASIS AÑADIDO

El primer pasaje exhorta a las mujeres a ser modestas, en lugar de ser provocativas sexualmente. Cuando Pedro les pide que exhiban un "espíritu afable y apacible", las está llamando a tener una conducta respetable, en lugar de la exageración de las prostitutas, quienes eran reconocidas en esa época por trenzar su cabello con cuentas y conchas de mar y usaban vestidos ostentosos para atraer a sus clientes. Aquí Pedro, simplemente está llamando a las mujeres a que vivieran vidas virtuosas de pureza y carácter cristiano.

Sin embargo, muchos tradicionalistas han usado este versículo para sugerir que las mujeres que nos son calladas, no son femeninas; como si el silencio fuera una virtud femenina. Al contrario, ¡el silencio puede ser pecado en muchas situaciones! 1 Pedro 3:4 no les da a las mujeres el derecho a quedarse calladas cuando sean llamadas a presentar defensa del Evangelio o cuando deban clamar contra la injusticia. Las mujeres que siguieron a Cristo fueron comisionadas a ir al mundo a predicar (Mr. 16:15), y la misma comisión les ha sido encargada a las mujeres de hoy.

El silencio de las mujeres en nuestras iglesias hoy es pecado. Las mujeres que han abrazado las enseñanzas tradicionalistas acerca de los "papeles femeninos" y han asumido que están siendo virtuosas como resultado de su silencio se van a sorprender cuando comparezcan delante del tribunal de Cristo para dar cuentas de la manera en la que malgastaron sus talentos y sus dones espirituales. Dios espera que las mujeres hablen. Él llama a muchas de ellas a predicar. Él llama a otras para que levanten su voz como una trompeta en defensa de los desamparados. Llama a muchas a enseñar la Biblia, evangelizar a los pecadores y confrontar la maldad institucionalizada. Ninguna mujer puede usar 1 Pedro 3:4 como una excusa para la falta de acción o la pasividad.

De la misma forma, ni hombres ni mujeres pueden usar el pasaje de "vaso más frágil" en 1 Pedro 3:7 para limitar la capacidad de la mujer para el ministerio. ¿Por qué se describe a la mujer como vaso más frágil? Es porque está en desventaja, no tanto porque sea más débil en el sentido físico sino porque ha sido oprimida y perseguida por el hombre. La maldición de Génesis 3:16 (en la que Dios dice que las mujeres van a sufrir dolor en este mundo caído) ha puesto a la mujer en una posición vulnerable, pero Pedro instruye a los maridos a tratar a su esposa con respeto y honor; para, además, revertir esa maldición.

No podemos utilizar 1 Pedro 3:7 como una evidencia para decir que las mujeres son inferiores a los hombres, incluso en un sentido físico; y todavía menos en un sentido emocional, intelectual o moral. Es verdad que la mayoría de las mujeres no están hechas para levantar objetos pesados, levantar una barra de ciento sesenta kilogramos o jugar fútbol americano profesional. Pero esto no significa que para las mujeres sea más difícil, que para los hombres, soportar el estrés, resistir la tentación o soportar el dolor. (De hecho la mujer soporta mucho más dolor que la mayoría de los hombres a causa del parto). Y los estudios médicos de hoy indican que mientras la mujer enfrenta miríadas de desafíos para su salud, tienden a vivir más que los hombres.

El hecho es que Dios ha escogido usar tanto vasos masculinos como femeninos para lograr sus propósitos. Estos vasos están diseñados de una manera diferente, sí, pero el poder del Espíritu Santo puede fluir a través de ambos. El apóstol Pablo, de hecho, aclaró que nunca debemos confiar en el vaso humano, sino en el poder de Dios que obra dentro de la persona. Les dijo a los corintios que él se encontraba "con debilidad, y mucho temor y temblor" cuando les predicaba, porque Dios no le permitía confiar en su propia sabiduría (1 Cor. 2:3). Tanto, que la fe de los corintios "no esté fundada en la sabiduría de los hombres, sino en el poder de Dios" (1 Cor. 2:5).

Si decimos que el poder de Dios solo puede fluir a través de un hombre, supuestamente porque es "más fuerte", entonces lo que en realidad estamos haciendo es confiar en la carne. ¿Acaso la Escritura no relata a menudo momentos en la historia cuando la persona más débil, llena del poder del Espíritu de Dios, vencía el obstáculo más fuerte? David derribó a Goliat no porque tuviera un brazo poderoso, sino porque el poder de Dios dirigió la piedra. El ejército de Gedeón venció a los madianitas no porque tuvieran un armamento superior, sino porque ángeles invisibles echaron fuera a las fuerzas enemigas.

Cuando el malvado Abimelec estaba aterrorizando a Israel con su maldad, fue una mujer sin nombre quien tiró una piedra de molino desde el techo de una torre y le aplastó el cráneo (Jue. 9:53). Lleno de orgullo masculino, el herido Abimelec pidió a su escudero que lo atravesara con su espada para que no pudiera decirle que una mujer lo mató. Deberíamos considerar las implicaciones de esa historia. Ella solo se identifica en la Biblia como una cierta mujer, pero esta dama era el arma secreta de Dios. Ella no era una comandante del ejército pero tuvo la suficiente fuerza para arrojar la piedra desde el techo, y terminó con el régimen de un tirano que había llevado a Israel a la idolatría.

¿Cuántas victorias espirituales se nos han escapado hoy porque no reconocimos el valor de "ciertas mujeres" a nuestro derredor? ¿Cuántos Abimelec podrían haber sido derrotados si hubiéramos animado a estas mujeres, en lugar de decirles que Dios las creó para ser débiles y pasivas?

A través de los siglos, las mujeres cristianas han dado sus vidas como mártires por causa del Evangelio. Han sido quemadas en la hoguera, destrozadas por las fieras, sus lenguas arrancadas, soportaron la violación y la mutilación sexual, fueron abandonadas a pudrirse en calabozos.

Valientes misioneras han zarpado hacia tierras extranjeras y se han arriesgado a la muerte y la enfermedad mientras ministraban entre tribus hostiles. Hoy, mujeres valientes en el Oriente Medio están siendo torturadas con ácido o con choques eléctricos cuando los musulmanes locales se enteran de que han estado hablando de su fe.

Estas mujeres son heroínas. A la luz de su testimonio, ¿nos atrevemos a sugerir que las mujeres deben ser débiles? En lugar de usar erróneamente 1 Pedro 3:7, deberíamos estar inspirando a nuestras hermanas a ser fuertes en el Señor. El Espíritu Santo que mora en ellas puede llenarlas, y las llenará de poder para que hagan proezas.

También pueden recibir ánimo con el ejemplo de Valentina Savelieva, una mujer bautista rusa que habló de su fe con otros hasta que fue llevada de un campo de concentración soviético a otro, durante los ochenta. Ella escribió de su experiencia:

> Teníamos que usar nuestros abrigos toda la noche porque hacía mucho frío; la temperatura pocas veces estaba sobre los 5° C (…) Cuando despertábamos por la mañana, teníamos que tener cuidado de no levantarnos demasiado rápido porque nuestro cabello se había congelado y pegado al piso. Era imposible permanecer libre de piojos. Todos estaban enfermos, y muchos murieron de tuberculosis. La comida era escasa y apenas comestible, y a menudo nos la robaban. La prisión estaba llena de criminales poseídos por demonios que maldecían de día y de noche. Querían destruir mi fe.[6]

¿Este es el testimonio de una mujer débil? La fe inconmovible de Valentina duró mucho después de que el imperio soviético se desmoronó y a los cristianos en Rusia se les dio libertad de predicar el Evangelio abiertamente. Hoy, a causa de la fuerza de mujeres como

Valentina, se ha levantado un nuevo ejército de rusas que están reclamando su nación para Cristo. Una de esas mujeres es Natasha Shredrevaya, la primera mujer en Rusia elegida por sus compañeros varones para dirigir una denominación.

Como presidenta de la Comunidad de Iglesias Calvary en Rusia, Natasha supervisa treinta iglesias en ese país y otras trescientas en otras exrepúblicas soviéticas. Su meta ambiciosa es alcanzar las treinta y seis mil aldeas remotas en la antigua URSS, una vasta región que cubre ocho husos horarios. ¿Le negaremos esta oportunidad porque ella es "demasiado débil"? Si es así, ¿qué hombres mejor equipados se ofrecen como voluntarios para tomar su lugar?

El tiempo es breve, y no tenemos tiempo de jugar juegos infantiles, como si los hombres y las mujeres en el ministerio cristiano tuvieran que competir por oportunidades. Hay demasiado trabajo por hacer y necesitamos que cada una de nuestras hermanas trabaje al lado de sus hermanos en la cosecha.

Su debilidad no es el punto. La verdadera cuestión es si tanto los hombres como las mujeres en la iglesia aprenderemos a cambiar nuestras inherentes debilidades humanas por la fuerza divina de Dios.

Pregunta **14**

¿QUÉ HACEMOS CON DÉBORA?

¿Qué debemos hacer con Débora, la de la Biblia? Tuvo una posición principal de autoridad, pero he escuchado a pastores decir que su historia no puede ser usada para defender a las mujeres en el liderazgo.

EL ANTIGUO TESTAMENTO ciertamente permite a las mujeres que tengan posiciones de autoridad. Ya mencionamos a otras dos profetisas en el Antiguo Testamento, María y Hulda. Los tradicionalistas que intentan ignorar o redefinir el ministerio de Débora la profetisa (detallado en Jueces 4-5), son culpables de manipular el texto a su favor. Muy bien podrían tomar un par de tijeras y recortar el libro de Jueces de la Biblia.

Dios escogió a Débora como su vocera ante Israel durante un periodo de cuarenta años. Ella sirvió como líder civil y espiritual de manera similar a como lo haría el profeta Samuel años más tarde. Su liderazgo y la sensibilidad que tuvo a la dirección del cielo fueron lo que llevaron a Israel a un periodo de paz y prosperidad.

El nombre *Débora* significa: *abeja,* posiblemente un recordatorio de que, incluso en el reino de los insectos, el Señor ha dado un ejemplo de liderazgo femenino. Aunque estaba casada con un hombre llamado Lapidot, la Biblia no menciona que se haya involucrado con el papel de jueza que tenía su esposa. Ella se describe a sí misma como: "Madre en Israel" (Jue. 5:7), una referencia a su labor gubernamental. (Katherine Bushnell, una erudita de la Biblia del siglo diecinueve, señala que la palabra hebrea para *madre de Israel* aquí puede ser traducida como *jefa*[1]).

El hecho de que ella se haya llamado a sí misma madre también aclara que, aunque tenía una posición de autoridad mayor, no estaba tratando de ser un hombre, ni llevaba a cabo sus responsabilidades de una manera varonil. No estaba borrando las distinciones de género.

Dios la había colocado en una posición clave. Ella era una madre, pero las madres pueden mandar.

Jueces 4:5 nos dice que "los hijos de Israel subían a ella a juicio", indicando que ella estaba dotada de sabiduría sobrenatural y discernimiento necesarios para resolver disputas y sostener la justicia. Ella también tenía una confianza abrumadora en Dios, quien, como respuesta a las oraciones proféticas de Débora, para defender a Israel, salió del campo de Edom, acompañándola (Jue. 5:4) para someter a los invasores extranjeros de Israel.

La historia dice que Débora convocó al guerrero principal de Israel, Barac, y le dio instrucciones proféticas acerca de cómo sometería a los cananeos y a su líder, Sísara. Entonces Barac hizo un comentario curioso: "Barac le respondió: Si tú fueres conmigo, yo iré; pero si no fueres conmigo, no iré" (Jue. 4:8). Débora estuvo de acuerdo en acompañar a las tropas israelitas a la batalla, pero pronunció una profecía curiosa antes de partir. Ella dijo:

> Iré contigo; mas no será tuya la gloria de la jornada que emprendes, porque en mano de mujer venderá Jehová a Sísara. Y levantándose Débora, fue con Barac a Cedes.
>
> —Jueces 4:9

Muchos maestros conservadores de la Biblia han volteado la historia de Débora de cabeza, torciéndola y haciéndola inservible. En su libro *Recovering Biblical Manhood and Womanhood* (La recuperación bíblica de la masculinidad y la feminidad), los eruditos evangélicos Wayne Grudem y John Piper sugieren que el verdadero propósito de la historia de Débora es presentar "una clara denuncia de la debilidad de Barac y otros hombres en Israel quienes debieron haber sido líderes más valientes".[2] Sugieren que Débora rompió la tradición y ejerció su autoridad femenina simplemente porque los hombres tenían miedo.

Esta, en realidad, es una interpretación curiosa, considerando el hecho de que Barac está en la lista del clásico capítulo de los "héroes de la fe" de Hebreos 11. Su nombre está registrado junto a los nombres de Josué, Sansón, Jefté, David y Samuel, estos fueron hombres que "por fe conquistaron reinos" (v. 33), "pusieron en fuga ejércitos extranjeros" (v. 34). Si Barac era un cobarde, ¿por qué recibe tal respaldo en la Escritura?

Otro erudito conservador, Thomas Schreiner, de Bethel Theological Seminary), desecha la autoridad de Débora insistiendo en que "no ejerció un ministerio público" como otros profetas.[3] (De hecho la Biblia dice en Jueces 4:5 que ella profetizaba en público, debajo de una palmera: "En el monte"). Schreiner también sostiene que Débora "no ejerció liderazgo sobre los hombres como lo hicieron otros jueces".[4] (Ésta es una sugerencia irrisoria ya que Jueces 4:5 sencillamente dice: "Los hijos de Israel subían a ella a juicio".)

A los teólogos conservadores les fascina encasillar a Barac como a un tipo debilucho que se le doblaban las rodillas, que necesitaba una figura materna que fuera a la batalla con él. Ese no era el problema de Barac. Él tenía suficiente testosterona. Estoy seguro que sabía usar bien un hacha en las batallas. Era un hombre hecho y derecho; muy probablemente era un general valiente. Pero sabía que Israel no tenía oportunidad de ganar esta guerra contra los ejércitos superiores de los cananeos, a menos que Dios hiciera un milagro militar. Barac, de hecho, esperaba un milagro, pero sabía que no sucedería a menos que la profeta escogida por Dios fuera con él. Por eso quería a Débora de su lado. No tenía nada qué ver con el género. Él sabía que solo el poder de Dios podía derrotar a un ejército hostil equipado con novecientos carros herrados.

Pero, ¿qué hay acerca de la profecía de Débora sobre que una mujer se llevaría el honor más alto cuando la batalla terminara? Ella se estaba refiriendo, por supuesto, a la doncella Jael, quien le clavó una estaca a Sísara en la cabeza después de que el resto de los guerreros cananeos habían sido ejecutados (Jue. 4:21). ¿La acción triunfante de Jael indica que Dios no estaba complacido con Barac o que no debía haberle pedido a Débora que fuera con él a la batalla?

La Biblia nunca dice que Dios estaba enfadado con Barac. El hecho de que su nombre aparezca en Hebreos 11:32 como ejemplo de una fe valiente confirma esto. Además, el cántico de victoria de Débora, en Jueces 5, aclara que el valor de Barac fue lo que convocó a Israel y ayudó a ganar la batalla. Y ya que él fue lo suficientemente humilde para escuchar a la profetisa de Dios y poner su confianza en el Señor, Israel conquistó a los cananeos. Y como estaba dispuesto a escuchar a Dios hablar a través de una mujer, la humildad de Barac produjo que una mujer se levantara y diera el golpe final.

Para mí es muy interesante ver que los rabinos, más tarde en la historia judía, hagan ver a Débora de una manera negativa, aun y cuando la Biblia la alaba. Incluso desarrollaron un juego con su nombre, que significa *abeja*, y lo cambiaron a *avispa*. De acuerdo con los investigadores Larry y Sue Richards, estos rabinos "querían decir que [Débora] era una mujer arrogante que picaba, en lugar de proveer cosas buenas para su pueblo".[5]

Este mismo antagonismo contra Débora es evidente hoy día entre algunos eruditos bíblicos con mentalidad tradicionalista. Quieren hacernos creer que, en primer lugar, Débora nunca debió gobernar Israel, o que su historia prueba que las mujeres no deben tener posiciones en las cuales sean la autoridad principal. Pero la Biblia no sugiere una conclusión tan ridícula. Dios puso a Débora en su lugar, en el Antiguo Testamento, para predecir el día cuando el Espíritu Santo ungiría a muchas profetisas para levantarse como líderes en su iglesia. También he escuchado que los eruditos conservadores hacen la declaración, bastante extraña, de que Dios permitió que Débora sirviera como jueza en Israel porque la nación había caído en idolatría; como si el liderazgo femenino fuera un tipo de maldición espiritual. Si este fuera el caso, ¿entonces por qué Israel muy a menudo tuvo reyes malvados en el trono en periodos de apostasía y rebelión espiritual? ¿Y si el liderazgo femenino es una maldición, por qué Dios bendijo a Israel durante el periodo de cuarenta años de Débora como profeta nacional? Tales argumentos no son racionales. Si aprendemos la lección que hay detrás de la historia de Débora, la Iglesia de hoy experimentaría más victorias al estilo de Jael. Y si hubiera más hombres como Barac, quien confió en el Señor y tuvo un poco de sentido común como para escuchar lo que Dios estaba hablando a través de una de sus siervas, el ejército del enemigo estaría huyendo, en lugar de estar ganando terreno. Las Débora y las Jael funcionan en un escenario neotestamentario también, pero necesitan algunos Barac que estén dispuestos a apoyarlas.

Pregunta 15

EL CLUB DE LOS MUCHACHOS

Si las mujeres pueden tener posiciones de liderazgo en la Iglesia, ¿por qué Jesús no tuvo discípulas?

UNA VEZ SE me hizo esta pregunta durante una cena en la que había un grupo de obispos de una de las denominaciones pentecostales afroamericanas más grande de los Estados Unidos. Este grupo no ordena mujeres como pastoras, y los doce obispos en su junta de gobierno son varones. Como muchas iglesias en este país, las mujeres son excluidas de las posiciones principales de liderazgo porque sus líderes crean que Dios nunca tuvo el propósito de que las mujeres sirvieran "arriba".

Cuando le pregunté a uno de los obispos del grupo por qué las mujeres no podían servir como pastoras, replicó con una respuesta instantánea: "Porque Jesús no tuvo discípulas. Si Jesús no puso a las mujeres en liderazgo, entonces nosotros tampoco deberíamos hacerlo".

Eso podría sonar como una política bíblica razonable, pero me di cuenta de que esta denominación juega con ambos lados de la moneda. Este grupo tiene un historial de enviar mujeres pioneras para comenzar iglesias nuevas. Pero en lugar de llamar a las mujeres pastoras las llaman *pastorcitas*, como si este título más oscuro denotara menos autoridad. Es una forma a escondidas de darle la vuelta a una regla de la propia iglesia. Estas pastorcitas ganan nuevos convertidos, organizan reuniones de oración, conducen eventos de alcance y dirigen servicios de adoración, hasta que la congregación crece lo suficiente como para ser considerada una iglesia que diezma. En ese punto se envía a un hombre para que se haga cargo. Así que, en el caso de esta denominación, se les permite a las mujeres que hagan todo el trabajo de un pastor (¡de hecho se les enviaba a hacer la parte más difícil del trabajo de un pastor!), pero nunca les era permitido llevar el título u ocupar la posición oficialmente. Solo lo podían hacer encubiertamente, casi como si Dios no notara que estaban estirando un poco sus tradiciones religiosas para llevar a cabo el trabajo.

Algunas veces, la manera en que manejamos el asunto de las ministras es risible. Hacemos reglas estrictas para mantener a las mujeres fuera del liderazgo, pero no podemos dirigir la iglesia sin que se involucren. No las queremos hasta arriba, pero necesitamos su dinero, porque suelen ser las dadoras más fieles; y a menudo son la mayoría de la congregación.

Pero necesitamos examinar esta cuestión con toda seriedad: ¿El hecho de que todos los discípulos de Jesús eran varones establece un precedente para que las mujeres no puedan servir como líderes principales?

¿Cómo se sentiría Jesús acerca de tener discípulas?

Me parece muy interesante pensar en que Jesús nunca abordó este tema, ni decretó algún tipo de regla acerca de ello. Él nunca dijo: "Todos los líderes de mi Iglesia deben ser hombres"; sin embargo, a menudo dejaba a un lado lo que estaba haciendo para confrontar la opresión a las mujeres en Israel. Las sanó, las apoyó, confrontó a quienes abusaban de ellas y resucitó a sus hijos. Si examinamos con más detenimiento los evangelios, veremos tres razones por las cuales no podemos utilizar a los discípulos varones de Jesús como excusa para negarles a las mujeres posiciones de autoridad.

1. Jesús sí tenía mujeres en su equipo.

Cualquiera que sostenga que Jesús no tenía discípulas no está leyendo su Biblia correctamente. Lucas 8:1-3 dice que además de "los doce", también seguía a Jesús un grupo de mujeres. Estas mujeres incluían a María Magdalena, Juana, Susana y "otras muchas que le servían de sus bienes". Estas mujeres no solo cocinaban el desayuno para los varones o acarreaban el agua y la comida. Estaban en entrenamiento. No podemos desestimar el hecho de que era muy poco ortodoxo que Jesús permitiera que las mujeres fueran parte de su comitiva. Los rabinos judíos en la época de Jesús no tenían discípulas, su tradición oral enseñaba que era vergonzoso incluso enseñarle la Torá a una mujer.[1] La tradición del Talmud también especificaba que los hombres no deben ser vistos con mujeres en público o hablar con ellas; sin embargo, Jesús les daba la bienvenida a las mujeres para que estudiaran bajo su tutela, y no escondía a sus seguidoras de los ojos vigilantes de sus críticos religiosos.

Posiblemente los fariseos estuvieran observando cuando María valientemente se sentó a los pies de Jesús, mientras Él estaba enseñando en su casa. Sentarse a los pies de un rabí era una declaración pública; significaba que la persona sentada en el piso era un discípulo. Ninguna mujer en Israel se había atrevido a tomar la postura de discípula antes porque los rabinos veían a las mujeres como ignorantes, sucias, inmorales y la fuente de toda maldad. Pero María se arrodilló frente a su Maestro porque Jesús hacía que las mujeres se sintieran cómodas en esa posición. Cuando Marta le rogó a su hermana que regresara a la cocina, Jesús confirmó el lugar de María a sus pies, diciendo: "Pero sólo una cosa es necesaria; y María ha escogido la buena parte, la cual no le será quitada" (Lc. 10:42).

Las mujeres sabían que Jesús tenía un Espíritu diferente al de los otros rabinos machistas de su época. Cuando los fariseos estuvieron listos para ejecutar a una mujer por adulterio (aunque su supuesta "evidencia" era cuestionable), Jesús fue movido a compasión y salió en su defensa. Cuando sanó a la mujer que tenía flujo de sangre desde hacía más de doce años, se refirió a ella como "hija" (Lc. 8:48), un término de cariño que ningún rabí hubiera utilizado.

Cuando Jesús entabló una conversación teológica con la mujer en el pozo de Samaria, ella llevó a toda su aldea a la fe porque nunca había conocido a un rabí que demostrara tal amor y aceptación (Jn. 4).

Cuando en la sinagoga sanó a la mujer que estaba encorvada, se refirió a ella, en presencia de los fariseos, como a "esta hija de Abraham" (Lc. 13:16). Esto seguramente provocó reacciones entre Sus críticos porque "hija de Abraham" no era un término común entre los rabinos. Ellos a menudo se referían a los hombres como "hijos de Abraham", pero les negaban a las mujeres las bendiciones del pacto Abrahámico.

Definitivamente, Jesús tuvo seguidoras, y se mantuvieron cerca, a su lado, hasta el final; incluso cuando los doce se acobardaron y se escondieron de las autoridades después de la crucifixión. Algunas mujeres estuvieron cerca de la cruz del Salvador; luego, llegaron temprano en la mañana de Pascua para atender su cuerpo a pesar del riesgo de que los guardias romanos las arrestaran. Su valentía hizo de ellas las primeras testigos de su resurrección. Qué ridículo sería que sugiriéramos que Jesús no tuvo discípulas, cuando fueron estas mujeres quienes inauguraron la predicación del Evangelio después de que les dijo: "Id, dad las nuevas a mis hermanos" (Mt. 28:10).

2. El grupo conocido como Los Doce simbólicamente representaba un nuevo comienzo.

Jesús a menudo hablaba en parábolas y a menudo se involucraba en acciones proféticas y utilizaba simbolismos proféticos. Las señales proféticas acompañaron su nacimiento; magos del oriente vinieron a su cuna con regalos reales para dar a entender que las naciones gentiles un día lo adorarían como Rey. Su bautismo ocurrió en el río Jordán porque fue en ese lugar que Israel entró a la Tierra Prometida siglos antes.

Y también había una razón profética por la cual Jesús escogió a doce varones judíos para ser sus discípulos más cercanos. Por un lado, representaban a las doce tribus de Israel, y Jesús los usó para simbolizar que Él había venido a llamar a la perdida nación judía al arrepentimiento y a un nuevo nacimiento. *Los Doce* también eran un recordatorio de los doce espías que fueron enviados por Moisés a la tierra prometida. Sin embargo, estos hombres no serían comisionados solo para conquistar Canaán, sino el mundo entero.

Pero Jesús no creó este grupo profético para que fuera exclusivo o como una declaración de género. Después de todo, cada hombre en el grupo conocido como *Los Doce* era judío. No había un solo gentil entre ellos. ¿Fue así porque Jesús quería que solo varones judíos sirvieran en la Iglesia? Por supuesto que no. Inmediatamente después del derramamiento del Espíritu Santo el día de Pentecostés, los cristianos recién llenos de poder llevaron su mensaje a Samaria, Asia Menor, Grecia y finalmente a Roma. En pocos años hubo líderes gentiles en la iglesia; ¡incluyendo a una mujer romana llamada Junias! (vea Romanos 16:7).

Sí, es verdad que los doce discípulos originales eran varones. Así como Adán fue creado primero, los hombres fueron los iniciadores. Fueron las *cabezas* o el punto de origen. Pero así como Eva fue tomada del costado de Adán, las discípulas vinieron al lado de sus contrapartes varones para cumplir con un propósito del Reino. Aunque ellas no vinieron primero, están dotadas igualmente del poder del Espíritu Santo y se les ha dado el mismo acceso a los dones y llamados del Espíritu. Nada en la Escritura les niega ese lugar.

3. Jesús tenía un plan de redención a largo plazo.

Varias veces he escuchado a gente decir: "Si Jesús quería que las mujeres sirvieran en posiciones de liderazgo, entonces por lo menos podría haber puesto a una mujer entre *Los Doce*". Ese argumento no funciona ya que Jesús no tenía prisa para desmantelar toda forma de opresión en el mundo durante su ministerio terrenal.

Jesús nunca confrontó directamente la institución de la esclavitud, por ejemplo; sin embargo, el poder del Evangelio finalmente trajo fin al comercio de esclavos cientos de años después. Él no emprendió una campaña en contra del racismo en Israel, pero cuando el mensaje del Evangelio se enraizó en el imperio romano, demolió toda barrera de clase y raza. Jesús no vino a establecer una forma de gobierno en Israel, pero la influencia del Evangelio terminó con la crueldad de la dictadura romana apenas trescientos años más tarde y plantó la semilla de la democracia, de los derechos civiles y del gobierno de la ley cristiana, que un día se convirtió en la norma.

De la misma manera, el mensaje del Evangelio contenía la semilla que un día liberaría a las mujeres de la opresión cultural. Las iglesias jóvenes que surgieron en los siglos primero y segundo en Turquía, Grecia e Italia les ofrecieron oportunidades sin precedente a las mujeres para ser entrenadas en las Escrituras y servir como ancianas, diaconisas, pastoras, profetisas, evangelistas, maestras e incluso apóstoles misioneras. Esta gran libertad para las mujeres esta encapsulada en la médula del mensaje cristiano.

Yo creo que sugerir que *Los Doce* representan una barrera para la mujer en el ministerio, es interpretar en el texto con machismo. Jesús no era machista. Después de la venida del Espíritu, sus primeros discípulos se dieron cuenta de que el Reino no se trataba de exclusiones, sino de comunidad, libertad y amor.

Pregunta 16
¿A LAS MUJERES MAYORES SE LES DEBE LLAMAR ANCIANAS?

Mi pastor me dijo que la lista de características para los ancianos que aparecen en el Nuevo Testamento dejaba en claro que solo los hom bres pueden servir en esa posición. ¿Pueden las mujeres ser ancianas en una iglesia local?

LA POSICIÓN DE tu pastor respecto a las ancianas es típica de los círculos cristianos conservadores, pero se basa más en un prejuicio cultural que en una interpretación bíblica sana. Creo que si consideramos las Escrituras sin una mentalidad religiosa y dependemos de la revelación del Espíritu Santo, encontraremos que la Biblia libera a las mujeres para que asuman papeles de liderazgo en la iglesia local. Las Escrituras también dejan lugar para que las mujeres puedan ser asignadas a cada uno de los cinco ministerios mencionados en Efesios 4:11: apóstol, profeta, pastor, maestro y evangelista.

Mujeres en el ministerio con Pablo

El apóstol Pablo tenía mujeres en su equipo, a quienes les había delegado autoridad. Examinemos a algunas de estas líderes:

Priscila (Hechos 18:18-21; 24-28; Romanos 16:3)
Priscila era una hábil maestra que había sido entrenada por Pablo mismo. Ella y su marido, Aquila, viajaban por todo el mundo romano para fortalecer a las iglesias recién establecidas. La Biblia a menudo menciona su nombre antes que el de Aquila, probablemente porque ella tenía un ministerio de enseñanza más visible. Algunos eruditos creen que como ella era romana, posiblemente venía de una familia rica y haya tenido acceso a una educación que la mayoría de las mujeres no tenían. Otros han teorizado que posiblemente ella

escribió el libro de Hebreos, pero esto no ha podido ser probado. Un estudio fascinante de esta teoría aparece en el libro *La carta de Priscila* de Ruth Hoppin.

Febe (Romanos 16:1-2)

Pablo describe a Febe como diaconisa. El pasaje dice: "Os recomiendo además nuestra hermana Febe, la cual es [*diákonos*] de la iglesia en Cencrea" (v. 1). La palabra *diákonos* siempre se traduce como *ministro* o *diácono* cuando se aplica a los hombres, pero en muchas versiones de la Biblia esta palabra es traducida curiosamente como *sierva*. ¿Será porque los traductores de la Biblia estaban incómodos con que una mujer tuviera una posición de gobierno?

En Romanos 16:2, Pablo se refiere a Febe como *prostátis*, lo cual puede ser traducirse *oficial que preside*. El término, definitivamente, lleva un significativo peso de autoridad, así que podemos concluir que Febe no solamente estaba encargada del ministerio de mujeres o establecía escuelas dominicales para niños. Ella era una enviada de Pablo, quien llevaba órdenes apostólicas; y Pablo esperaba que las iglesias la escucharan. Catherine Kroeger señala que la palabra *prostátis* a menudo es usada en los escritos de los primeros padres de la iglesia para denotar a alguien que presidía sobre la congregación.[1]

Junias (Romanos 16:7)

Hasta el siglo trece nadie cuestionaba el nombre de esta mujer mencionada en Romanos 16:7, ya que Junias es un nombre romano común de mujer. Sin embargo, los traductores comenzaron a cambiar su nombre de *Junias* a *Juniano* porque no podían aceptar la idea de que Pablo se refiriera a una mujer como: "Sobresaliente entre los apóstoles". Pero el Nuevo Testamento original estaba en lo correcto, y no necesitamos acomodar el lenguaje para que se ajuste a nuestro machismo. Pablo destacó a esta mujer por su valentía apostólica y por el hecho de que ella había sufrido en la prisión junto con Pablo. No tenemos registro de sus actividades ministeriales, pero podemos asumir que estaba probablemente involucrada en predicar y sembrar iglesias.

Incluso uno de los primeros padres de la Iglesia Juan Crisóstomo (347-407), quien para nada les guardaba simpatía a las mujeres, reconoció que Junias tenía una posición poderosa en la iglesia del Nuevo Testamento. Él escribió en su comentario a la carta de los Romanos: "El hecho de ser una apóstol es por sí solo algo importante; pero incluso, estar entre los muy estimados, qué gran encomio es. Oh, cuán grande era la devoción de esta mujer, para que incluso sea contada digna de la mención del apóstol Pablo".[2]

Ninfas (Colosenses 4:15)

Pablo les pide a los líderes de la iglesia de Colosas: "Saludad a los hermanos que están en Laodicea, y a Ninfas y a la iglesia que está en su casa". Los tradicionalistas argumentarían que esta mujer simplemente era *anfitriona* de la iglesia mientras los hombres llevaban a cabo el ministerio pastoral, pero esto nos obliga a preguntar: ¿Por qué Pablo la mencionó a ella en lugar de a los líderes varones? ¿Ella era solamente una anfitriona que hacía galletas y emparedados para Pablo y su equipo? ¿Pablo le tenía cariño a Ninfas porque le servía sus platillos favoritos cuando la visitaba? Es más probable que ella haya sido designada para dirigir la iglesia que se reunía en su casa.

El sugerir que Ninfas era una pastora, por supuesto, ofende a los tradicionalistas que creen que la Biblia limita este oficio a los hombres, pero, ¿es así? En Efesios 4:11, cuando Pablo explica que Jesús dio pastores, maestros, evangelistas, apóstoles y profetas a la iglesia para su edificación, no establece reglas acerca del género. La reglas de: "Pastoras no", tan común en muchas denominaciones, es una tradición religiosa, no un precepto bíblico.

En el libro de los Hechos, leemos acerca de Lidia (Hch. 16:14-15), una mujer de negocios con una gran influencia y quien fue la primera persona que se convirtió a Cristo en Europa. Es muy posible que Lidia haya tenido algo qué ver en la liberación de Pablo de manos de los magistrados filipenses, ya que era acaudalada y, muy probablemente, tenía prestigio político. (Hechos menciona en el versículo 16:40 que Pablo regresó a casa de Lidia después de que pidió un juicio). Algunos eruditos sugieren que la historia de Lidia fue incluida en Hechos porque ella realmente pastoreaba una iglesia en su casa y se convirtió en un miembro crucial del equipo apostólico de Pablo mientras él empujaba el Evangelio hacia el oeste del continente.

Evodia y Síntique (Filipenses 4:2-3)

Pablo consideraba a estas mujeres, que habían combatido juntamente con él y que eran sus compañeras (v. 3). Es posible que ellas hayan sido encarceladas con él por predicar. Cual haya sido el caso, definitivamente no eran simples miembros femeninos de la iglesia en Filipos. Eran líderes, y estaban teniendo un desacuerdo serio; tan serio, que Pablo tuvo que instarlas a que fueran "de un mismo sentir en el Señor" (v. 2).

Pablo no dice que alguna de ellas estuviera enseñando una doctrina falsa. Posiblemente su desacuerdo fue acerca de metodología, o posiblemente dejaron que los celos o la ambición personal las separara. Nunca vamos a saber qué causó la tensión entre estas dos mujeres, pero sí sabemos que Pablo no culpó a su género de esa división. Él no dijo. "Díganles a esas pastoras que no tienen que estar haciendo en el ministerio. Las mujeres son demasiado frívolas y emocionales para ser pastoras". Si Pablo no apoyaba a las mujeres en esas posiciones, seguramente no las hubiera recomendado como colegas suyas en el ministerio.

Las pastoras emergen en otros lugares en el Nuevo Testamento. La segunda epístola de Juan está dirigida a "la señora elegida y a sus hijos" (2 Jn. 1), y basándonos en el contenido de la carta, es bastante probable que la carta fuera dirigida a una iglesia que estaba combatiendo la herejía. La "señora elegida" es muy seguro que sea la pastora o la anciana de la iglesia; dudo seriamente que Juan haya utilizado esta terminología femenina si el pastor fuera hombre. Sin embargo, los eruditos tradicionalistas desechan a esta mujer diciendo que era, o la *anfitriona* de la iglesia, porque les proveía seguridad o ayuda financiera, o que "la señora elegida" es cierto tipo de palabra clave para una congregación local. Una interpretación así parece querer ignorar lo obvio.

Además de estas mujeres que ocupaban cargos en el ministerio quíntuplo, la Biblia también deja espacio para que las mujeres ocupen posiciones principales de liderazgo o de ancianas en la iglesia local. Pero los traductores de la Biblia no nos han hecho fácil defender sus posiciones. De hecho, se ha aplicado sexismo abierto en pasajes clave que mencionan a las mujeres líderes.

1 Timoteo 3:1-13

En este pasaje Pablo enlista las cualidades de los hombres que aspiran al oficio de supervisor o anciano. Él se dirige primero a estos hombres; luego, enlista las cualidades de los diáconos; y después, se dirige a la categoría de las mujeres. Muchas traducciones de la Biblia llaman a estas mujeres: *esposas de los diáconos*, pero esa es una traducción errónea, debe ser traducido simplemente como *las mujeres*.

¿Qué mujeres? ¿Las esposas de los líderes de la iglesia? No, la palabra no es *esposas*. De lo que Pablo está hablando aquí es de la categoría de las mujeres, quienes obviamente tenían una responsabilidad en la iglesia local. Como los hombres, tenían que exhibir un estándar de carácter más alto. Por eso es que las llama a ser "honestas, no calumniadoras, sino sobrias, fieles en todo" (v. 11).

Tito 1:5-2:10

En este pasaje, Pablo le dice a Tito cómo organizar el gobierno de la iglesia local, y entonces le da las cualidades de los *ancianos* y de las *ancianas*. ¿Estaba él hablando de cómo deben actuar las personas mayores? No, él estaba hablando de ancianos y ancianas en el Señor. ¿Cómo sabemos esto? La palabra griega utilizada para *anciano* es *presbútes*, y la palabra utilizada para *anciana* es *presbútis*. Una palabra similar, *presbúteros*, se utiliza en 1 Timoteo 5:2. Significa *anciana*, y se refiere a un cargo en la iglesia.[3]

Catherine Kroeger señala que estas mujeres (quienes tenían la responsabilidad de enseñar a las mujeres en la iglesia, vea v. 4) son instadas, en Tito 2:3, a actuar *como es digno de la sagrada vocación*.[4] (Algunas traducciones, como la Biblia de las Américas, dicen: "Reverentes en *su* conducta"). De hecho, un diccionario del Nuevo Testamento traduce este adjetivo de forma que dice: "Como aquellos empleados en el servicio santo".[5] Si Pablo simplemente se está refiriendo a la conducta de las mujeres mayores, en general, ¿por qué esperaría que se comportaran como si estuvieran en el ministerio a tiempo completo? ¡Porque él se estaba dirigiendo a mujeres en el ministerio a tiempo completo!

1 Timoteo 5:1-8

Pablo también menciona otra categoría de mujeres líderes en la iglesia del Nuevo Testamento, conocidas como *las viudas*. Estas no eran solo mujeres cuyos maridos hubieran fallecido; eran una "orden" de mujeres que servían a tiempo completo, muy parecidas a los diáconos. Las iglesias de la época de Pablo empleaban a estas mujeres en distintas responsabilidades, muy probablemente para ministrar a los enfermos, ayudar a los huérfanos, organizar proyectos de alcance o llevar a cabo tareas pastorales. Cual haya sido el cargo específico, definitivamente tenían autoridad para llevar a cabo la obra del ministerio. Es trágico que en la Iglesia moderna no se hayan canalizado las energías y los dones espirituales de las mujeres mayores de esta manera.

El registro de la historia de la Iglesia prueba que las mujeres estuvieron funcionando en esos cargos durante los primeros siglos después de Pentecostés. La arqueología también lo ha probado: epitafios, féretros y otros registros del segundo al tercer siglo, han provisto cierto número de ejemplos de mujeres que eran llamadas *presbíteros*. También sabemos que las mujeres en esos primeros siglos de la Iglesia sirvieron como misioneras y maestras de la Biblia. Una de ellas, Santa Tecla, era conocida como una apóstol, y se han excavado los restos del centro de entrenamiento que ella fundó en un sitio cerca de la antigua ciudad de Seleucia.[6] Otra líder poderosa, Pulcheria, ayudó a vencer las primeras herejías y defendió la doctrina bíblica de la naturaleza de Cristo ante el Concilio de Calcedonia.[7]

En la Biblia y en la historia, existe amplia evidencia de que las mujeres sirvieron en estos cargos clave de la Iglesia. Al prohibirles que sirvan apagamos el Espíritu Santo en nuestras hermanas y privamos al pueblo de Dios de dones y unciones que tenían el propósito de que hombres y mujeres las compartiéramos libremente. Ciertamente veríamos más victoria espiritual si a las *Déboras, Priscilas, Ninfas, Febes y Junias* de nuestros días se les diera la misma oportunidad que a los hombres.

Pregunta 17

¡SHHH! ¡SILENCIO, CHICAS!

Mi pastor me dijo que las mujeres deben estar calladas en la iglesia. Él estaba citando al apóstol Pablo, en 1 Corintios 14:34-35. ¿Cómo debemos ver ese versículo en la Escritura?

M UCHOS CRISTIANOS EVANGÉLICOS conservadores, que se enorgullecen del hecho de creer que la Biblia es infalible, y que quienes creen que cada versículo debe ser tomado *literalmente*, no consideran 1 Corintios 14:34-35 de esa misma manera. Si lo hicieran, entonces significaría que las mujeres nunca podrían pronunciar una sola palabra en un servicio en la iglesia. Las mujeres no podrían orar, dar anuncios, cantar un himno o leer la Biblia en voz alta; ¡mucho menos predicar un sermón!

Incluso en las iglesias más fundamentalistas de los Estados Unidos, donde se excluye a las mujeres de los cargo de liderazgo y nunca se les anima a buscar un ministerio público, sí se les permite a las mujeres sentarse en el coro, leer la Biblia y orar públicamente (aunque a veces les prohíben que lo hagan desde el púlpito). Sin embargo, esas mismas congregaciones excluyen a las mujeres de la posición de pastora o maestra, basándose en 1 Corintios 14:34-35. Es una doble moral muy curiosa, especialmente para aquellos que claman ser tan literales bíblicamente.

Después de todo, este pasaje no solo limita a las mujeres a que no pastoreen o prediquen, ¡las amordaza por completo! Veamos el pasaje con cuidado:

Vuestras mujeres callen en las congregaciones; porque no les es permitido hablar, sino que estén sujetas, como también la ley lo dice. Y si quieren aprender algo, pregunten en casa a sus maridos; porque es indecoroso que una mujer hable en la congregación.

—1 Corintios 14:34-35

Estas son palabras fuertes. De hecho la mayoría de las traducciones en inglés suavizan el golpe, porque la última porción del versículo 35 debería en realidad decir: "La voz de la mujer es obscena". ¿Cómo podía Pablo hacer una aseveración al parecer tan cruda y machista? Después de todo, en esta misma carta a los Corintios, en el capítulo 11, él dio ciertas normas para que las mujeres profeticen y oren en una reunión (1 Co. 11:5). ¿No es esto una contradicción? Además, sabemos que Pablo asignó a mujeres, incluyendo a Febe, Priscila y Cloe a posiciones de liderazgo y servicio. ¿Cómo iban a poder cumplir con sus responsabilidades sin poder hablar?

Este pasaje genera todo tipo de preguntas. ¿A qué ley se refiere este pasaje cuando dice que las mujeres deben estar en silencio: "Como también la ley lo dice"? Ciertamente, no hay una sola ley en el Antiguo Testamento que prohíba a las mujeres hablen. ¿Y por qué se les pide a las mujeres que vayan a casa y les pregunten a sus maridos? ¿Este pasaje implica que las mujeres son estúpidas? Ciertamente, parece que el autor no les está dando a las mujeres de esta iglesia mucho reconocimiento que digamos.

La mayoría de los tradicionalistas han salido con una respuesta fácil al adoptar lo que yo llamo "la teoría de las mujeres ruidosas". Sugieren que la iglesia de Corinto estaba enfrentando un problema particular creado por mujeres ignorantes e inoportunas que interrumpían la reunión para hacer preguntas o hacer comentarios acerca de la lección. Como se supone que las mujeres estaban sentadas en una sección especial del lugar, tenían que gritar sus preguntas para poder ser escuchadas. (Las mujeres en algunas sinagogas judías de hecho estaban enclaustradas en un balcón cerrado para que no pudieran ser vistas, mucho menos: escuchadas).

Algunos eruditos de la Biblia han teorizado que el sentido de este pasaje: "Vuestras mujeres callen", no se refiere a cualquier forma de habla, sino más bien al clamor inoportuno creado por estas mujeres corintias. Después de todo, si las mujeres que se reunían en la parte posterior de esta iglesia no tenían preparación y si no tenían idea de lo que el maestro estaba enseñando, posiblemente comenzaban discusiones entre ellas mismas. El ruido generado por su conversación ciertamente distraería bastante. Si se ponían de pie haciendo una pregunta ridícula o posiblemente oponiéndose a un comentario irrelevante, el maestro a cargo nunca hubiera podido terminar su sermón.

Si este era el caso, hace de 1 Corintios 14:34-35 un equivalente a un letrero de: "GUARDE SILENCIO POR FAVOR" en una biblioteca. ¿Pero puede ser utilizado para limitar el ministerio de las ministras ordenadas y entrenadas?

Mientras que el asunto de las mujeres ruidosas parece plausible (y a menudo es publicado en comentarios y notas de estudio en varias versiones de la Biblia), hay varios problemas que permanecen sin solución:

1. Todavía no hemos respondido cuál *ley* (v. 34) restringe el habla de la mujer. La Biblia no prohíbe que la mujer hable, y tenemos varios ejemplos de profetisas en el Antiguo Testamento.

2. ¿Por qué Pablo diría: "Y si quieren aprender algo, pregunten en casa a sus maridos"? El tono es prepotente, como si él no creyera que la mayoría de las mujeres quisieran aprender asuntos espirituales. Sin embargo, conocemos, por el ministerio de Pablo, que ministró a mujeres creyentes, como a Lidia, y las discipuló.

3. ¿Por qué Pablo, quién ordenó a Febe como diaconisa y a Junías como apóstol, diría que es *indecoroso* que una mujer hable en la iglesia? La versión King James de la Biblia en

inglés lo traduce de esta forma: "Es una vergüenza que la mujer hable en la iglesia". ¿Cómo puede ser eso?

El misterio de 1 Corintios 14:34-35 se puede solucionar usando lo que yo llamo "la teoría del comentario insertado". Propone que las declaraciones de los versículos 34 y 35 no fueron escritas por Pablo, sino que Pablo las tomó de la carta que le había sido escrita por los líderes de la congregación de Corinto. Pablo los cita en su carta, y luego les responde en el versículo 36.

¿Cómo sabemos esto? El idioma griego no tiene comillas, pero se utiliza el símbolo η (con un acento grave) después de citar un texto para denotar que fue tomado de otra fuente. Este símbolo aparece al final del versículo 35.[1]

En otros lugares de 1 Corintios Pablo citó una carta que le fue enviada por los líderes en Corinto. En 1 Corintios 7:1, les dice:

> En cuanto a las cosas de que me escribisteis, *bueno le sería al hombre no tocar mujer*.
>
> —Énfasis añadido

Pablo reconoce aquí que les está escribiendo la epístola como respuesta a una carta de los líderes de la iglesia de Corinto, y aborda sus inquietudes una por una: la sexualidad bíblica, y los atavíos de las mujeres, una disputa acerca de carne sacrificada a los ídolos. En el capítulo 7, ¿fue Pablo quien dijo: "Bueno le sería al hombre no tocar mujer"? ¡No! Pablo no creía que el sexo fuera malo. El refuta esta idea en el versículo siguiente al puntualizar claramente que el sexo es bueno y bendito por Dios cuando permanece dentro de los confines del matrimonio.

Pablo estaba citando una dicho utilizado por los corintios; un dicho que representaba una herejía muy seria que prohibía totalmente el matrimonio y el sexo. Esta herejía: "No toquéis mujer", se esparció en la primera iglesia en los siglos segundo y tercero; engañó a los cristianos, haciéndoles creer que los hombres debían abstenerse del sexo y vivir en monasterios, mientras las mujeres se retiraron a los conventos.

Así como Pablo citó la carta de los líderes corintios en 1 Corintios 7:1, hizo lo mismo en los versículos 34 y 35 en el capítulo 14. Esto explica por qué Pablo dijo: "¿Qué?", como su respuesta en el versículo 36.

Examinemos este pasaje:

> ¿Acaso ha salido de vosotros la palabra de Dios, o sólo a vosotros ha llegado? Si alguno se cree profeta, o espiritual, reconozca que lo que os escribo son mandamientos del Señor. Mas el que ignora, ignore.
>
> —1 Corintios 14:36-38

En lenguaje contemporáneo, Pablo está diciendo: "¿Cómo?". Probablemente estaba meneando su cabeza con asombro cuando esos líderes le dijeron que ellos no les permitían a las mujeres hablar en la iglesia. Les pregunta en el versículo 36: "¿Acaso ha salido de vosotros la palabra de Dios?". Aquí, les está llamando la atención por su arrogancia recordándoles que las primeras personas que anunciaron el Evangelio la mañana de Pascua fueron las discípulas que habían seguido a Jesús fielmente. Si Jesús escogió a mujeres para ser las primeras testigos de su resurrección, ¿por qué les vamos a prohibir enseñar, testificar, cantar, profetizar u orar en la iglesia?

Pablo desechó su argumento abruptamente, luego dijo: "Mas el que ignora, ignore". Esto era más que una represión ligera. Confrontó su punto de vista sexista de la mujer con un sarcasmo hiriente: al inferir que los que estaban actuando estúpidamente en esta situación eran los hombres y no las mujeres.

Si los versículos 34 y 35 en realidad procedían de los líderes en Corinto y no de Pablo, entonces esto ayuda a entender a qué *ley* se estaban refiriendo ellos. La iglesia en Corinto estaba siendo dirigida por hombres que tenían un trasfondo judío. De hecho, la mayoría de los líderes en la iglesia cristiana del primer periodo eran judíos convertidos. Esto creaba un problema serio con el legalismo, porque los judíos que abrazaban el Evangelio todavía querían imponer sus muchas tradiciones en los gentiles convertidos. Pablo invirtió una gran cantidad de su tiempo ayudando a los cristianos judíos a comprender que el nuevo pacto de la gracia, hecho posible por la llenura del Espíritu Santo, había sobrepasado los requisitos legalistas, de una religión basada en las obras.

Los rabinos judíos basaban su fe, no solamente en el Antiguo Testamento, sino en un inmenso volumen de leyes y comentarios compilados por los rabinos. Esta colección de dichos, preservados oralmente y memorizados por los rabinos y sus discípulos, llegó a ser conocida como el *Mishnah*, que se registró por escrito por primera vez alrededor del 200 d. C. Un volumen posterior de comentarios rabínicos sobre el Mishnah llegó a ser conocido como el *Talmud*.[2] Las leyes incluidas en el Mishnah iban mucho más allá de las leyes del Antiguo Testamento, añadiendo condiciones y requisitos detallados del comportamiento humano, incluyendo reglas elaboradas acerca de cómo guardar el Sabbat, la dieta y las prácticas sexuales.

El Mishnah y otros códigos rabínicos hablaban mucho acerca de las mujeres, pero nada de eso era positivo. Tres versiones antiguas del Mishnah contienen una oración que dice: "Alabado sea Dios que no me creó un gentil; alabado sea Dios que no me creó mujer; alabado sea Dios que no me creó un hombre ignorante".[3] Los escritos rabínicos contenían muchos otros comentarios degradantes y leyes irracionales acerca de la mujer, incluyendo estas:

+ A una mujer no se le permite que encienda la lámpara del Sabbat porque ella engañó a Adán y "fue la causa de su muerte".

+ El ciclo de menstrual de la mujer representa la maldición de Dios sobre las mujeres.

+ El nacimiento de un niño trae gozo, pero el nacimiento de una niña trae tristeza.

+ Todas las mujeres son codiciosas por naturaleza, entrometidas, perezosas y envidiosas.

+ Los hombres que hablan con mujeres traen el mal sobre sí mismos y van a terminar en el infierno.

+ Los estudiantes serios de la Torá deben abstenerse de tener sexo con su mujer durante tres años.

+ Los niños nacen *muertos* porque fueron originados en el vientre de una mujer y tuvieron que verlo al nacer.

+ Las mujeres en la sinagoga tienen que sentarse por lo menos a quince pasos de distancia de los hombres.

+ Una mujer siempre debe cubrir su cabeza porque es objeto de vergüenza.

+ Si una esposa no acepta el control de su marido, él debe divorciarse de ella.[4]

Charles Trombley señala que las leyes acerca del divorcio en los escritos rabínicos iban más allá de lo ridículo:

> Si una mujer comía en la calle, bebía abundantemente en la calle, o amamantaba a su bebé en la calle, podía ser repudiada. Si chismeaba, hilaba a la luz de la luna, dejaba su cabello sin recoger, daba vueltas en la calle con sus axilas descubiertas, o se bañaba en el mismo lugar que los hombres, podía ser repudiada. Si era estéril durante un periodo de diez años su esposo podía echarla.[5]

Estas reglas legalistas, que no tienen fundamento alguno en la verdad bíblica, dirigían el judaísmo antiguo y eran la preocupación primera de los fariseos de la época de Jesús. Él los reprendió a menudo por darle mayor importancia a sus códigos legales hechos por el hombre que a la Palabra de Dios. En una ocasión, cuando los fariseos cuestionaron a Jesús acerca de por qué sus discípulos no se lavaban las manos conforme a las reglas rabínicas, Él les preguntó:

"¿Por qué también vosotros quebrantáis el mandamiento de Dios por vuestra tradición?" (Mt. 15:3).

Jesús a menudo les dijo a los fariseos que sus fórmulas religiosas eran ofensivas para Dios. En un intercambio acalorado de palabras con los líderes de los fariseos, Jesús incluso citó su código rabínico cuando los corrigió. En Mateo 15:4-6, Jesús citó una de sus leyes rabínicas que hacían posible que la gente se excusara de cuidar a sus padres ancianos:

> Porque Dios mandó diciendo: Honra a tu padre y a tu madre; y: El que maldiga al padre o a la madre, muera irremisiblemente. Pero vosotros decís: Cualquiera que diga a su padre o a su madre: Es mi ofrenda a Dios todo aquello con que pudiera ayudarte, ya no ha de honrar a su padre o a su madre. Así habéis invalidado el mandamiento de Dios por vuestra tradición.

Así como Jesús citó el Mishnah en este pasaje, Pablo citó la tradición oral machista que había sido instituida como práctica religiosa en la iglesia Neo Testamentaria en Corinto. El apóstol no apoyó su machismo, ni aprobó el silenciar a las mujeres. Pablo nunca hubiera permitido tal cautiverio espiritual, ni nosotros debemos hacerlo. Los fariseos modernos van a seguir haciendo sus reglas religiosas para silenciar u obstaculizar a las mujeres; pero nosotros deberíamos responderles con el asombro del apóstol y decirles: "¿Qué?". La opresión de la mujer no tiene cabida en la iglesia de Dios. Donde está el Espíritu, allí hay libertad.

Pregunta 18

TODO ES CULPA DE EVA

Mi pastor no permite que las mujeres enseñen o prediquen en un servicio de adoración. Él dice que es porque, como Eva fue engañada en el huerto de Edén, las mujeres llevan naturalmente a la gente al engaño. ¿La Biblia realmente dice esto?

E N LOS AÑOS ochenta una autora prominente y evangelista fue invitada a dirigirse a los presentes en un congreso organizado por su denominación conservadora. Cuando le llegó el turno de hablar, se acercó al podio y abrió su Biblia. Entonces comenzó un tumulto ruidoso al frente del auditorio. Ella miró hacia abajo y vio varias filas de hombres, todos en trajes oscuros, volteando rápidamente sus sillas. En unos instantes era obvio lo que estaba sucediendo. Estos hombres, todos pastores, le habían dado la espalda a esta mujer para protestar por haber sido incluida en el programa. En su visión teológica estrecha, está mal que las mujeres enseñen la Biblia a los hombres. Así que en una forma bastante llamativa, se rehusaron a escuchar su mensaje; no fuera a ser que el sonido de sus palabras los alejara de la fe verdadera, así como las sirenas mitológicas fascinaban a los marineros griegos para atraerlos a la muerte.

Pocos años después, escuché a esta mujer enseñar en una congregación bastante grande en Orlando, Florida, durante un congreso eclesiástico patrocinado por Cruzada Estudiantil. Su nombre es Anne Graham Lotz, y ella es una de las tres hijas del evangelista Billy Graham. No hubo ninguna doctrina falsa o enseñanza defectuosa en nada de lo que enseñó.

La noche que Anne habló en la Primera Iglesia Bautista de Orlando, el auditorio estaba lleno, principalmente de ministros varones y algunas de sus esposas. Su sermón fue cautivador, su característico acento de Carolina del Norte me hacía sentir bienvenido, y su estilo de predicación y cadencia parecían muy similares a los de su padre, aunque lo expuso en una manera completamente femenina. Ella llamó a la audiencia a buscar una relación real con Dios más que un estilo de vida religioso. Y cuando la reunión terminó esa noche, la mayoría de la gente hubiera estado de acuerdo en que Anne había predicado mejor que cualquiera de los hombres que habían estado en el púlpito esa semana.

Gracias a Dios, nadie en el congreso de Orlando intentó voltear su silla para protestar contra el mensaje de esta mujer talentosa. Pero todavía hoy se les está dando la espalda a muchas mujeres que tienen un llamado legítimo al ministerio y se les trata con una falta de respeto asombrosa. Suele ser por lo que podríamos llamar: "El factor Eva".

Su lógica defectuosa dice así: Eva fue engañada por el diablo; debido a esto, las mujeres son propensas a ser engañadas; por lo tanto, van a engañar a otros. Con el fin de proteger a la iglesia del engaño, debemos mantener a todas las hijas de Eva fuera del púlpito, o algo así es lo que esta idea dice. Felizmente, para los hombres, no se les ha aplicado la misma lógica. Después de todo, Adán se rebeló contra Dios al participar del fruto prohibido, más no parece preocuparnos que cada hombre que se para en el púlpito va a llevar a la iglesia, automáticamente, a la rebelión, simplemente porque es "un hijo de Adán".

Esta idea de que las mujeres son las culpables de todos los males sociales no es un concepto bíblico, pero llegó a formar parte de la tradición cristiana a causa de los escritos de los padres de la Iglesia en el segundo, tercero y cuarto siglos. Tertuliano (160-225) llamó a las mujeres "la puerta del diablo", y declaró, en términos muy claros, que la mujer debe cargar para siempre con la culpa de Eva.[1] Orígenes (185- 254) decía que toda enseñanza de una mujer es inútil. Una vez escribió: "No es correcto que una mujer hable en la iglesia, sin importar lo admirable o lo santo que sea lo que diga, simplemente porque viene de labios femeninos".[2]

Otro reverenciado padre de la Iglesia, Ambrosio (340-397), enseñó sin tapujos que los hombres son superiores a las mujeres: "La mujer es inferior al hombre, ella no es parte de él, está bajo sus órdenes. El pecado comenzó con ella, y debe usar como señal el velo".[3] De hecho, muchos patriarcas de la Iglesia enseñaron que las mujeres, especialmente las vírgenes, deberían cubrirse siempre con velos completos. También enseñaban que la barba de un hombre, su vello corporal y sus genitales eran la prueba natural de su superioridad masculina. Clemente de Alejandría (150-215) dijo que la barba de un hombre era su "insignia" que "mostraba, sin lugar a dudas, que era un hombre". Él añadió: "La barba es más vieja que Eva, y es un símbolo de una naturaleza más fuerte".[4]

Agustín (354-430), quien fue influenciado por muchos reformadores protestantes, sostenía muchos puntos de vista degradantes acerca de la mujer, y los llevaba a la práctica viviendo con una concubina. Él pensaba que las mujeres ni siquiera habían sido creadas a la imagen de Dios, y creía que la mujer representaba "la carne" mientras que el hombre representaba "el espíritu". También adoptó los puntos de vista machistas de los antiguos rabinos judíos, cuando escribió: "La mujer permanece bajo el señorío del hombre y no posee autoridad alguna; no puede enseñar, ni ser un testigo".[5]

La Escritura contradice estos puntos de vista degradantes sobre las mujeres. Y Jesús también los contradijo cuando extendió su bondad, compasión y justicia redentora a tantas mujeres en su ministerio. Pero las creencias de los padres de la Iglesia en un momento se convirtieron en la filosofía prevaleciente en la iglesia medieval, y fueron bien recibidas por los reformadores, incluyendo a Martín Lutero y Juan Calvino. Todavía somos perseguidos hoy por este espectro del orgullo masculino que ama disfrazarse detrás de su ropaje religioso.

Es verdaderamente extraño que utilicemos a Eva para poner en una lista negra a todas las que enseñan la verdad, especialmente cuando la Biblia nos da tantos ejemplos de mujeres que señalaron el camino de justicia. Una de esas mujeres fue Hulda, una profetisa, durante el reinado del rey Josías. Su historia, narrada en 2 Reyes 22, parece desafiar la idea de que las mujeres son las "puertas del mal". En su caso, Hulda fue la puerta de Dios a la justicia. La historia cuenta que los emisarios del rey descubrieron una copia olvidada del Libro de la Ley cuando visitaron el templo abandonado (el cual se había convertido en una bodega para guardar los utensilios utilizados en la adoración a Baal y Asera). Nadie había estado leyendo los rollos de Moisés en esos días porque Israel se había convertido en una nación caída. Ni siquiera el rey Josías los había estado leyendo. Israel había perdido su camino, y la misma brújula que hubiera ayudado a la nación a regresar a Dios había estado enterrada entre polvo y telarañas. Cuando el secretario de Josías regresó con las noticias de los rollos perdidos, el rey pidió que se leyeran en voz alta.

Cuando el rey Josías escuchó las palabras de Moisés, las cuales hablaban de los juicios de Dios sobre Israel si olvidaban al Señor, rasgó sus vestiduras y le pidió a su personal que consultara a Dios por él (v. 13). Josías estaba sinceramente arrepentido porque escuchar la Palabra de Dios golpeó su conciencia y desesperadamente comenzó a querer regresar al Señor. Pero también era lo suficientemente sensato como saber que todavía tenía tiempo. Quería saber cómo encajaría todavía en el plan de Dios. ¿A quién preguntarle? ¿Quién podía señalarle el camino? Obviamente, si el Libro de la Ley había sido desechado en una cámara oscura del templo del Señor, había muy pocas personas que supieran qué hacer.

Cuando los reales agentes de Josías salieron a buscar una palabra de Dios, el sacerdote, Hilcías, los dirigió hacia Hulda. Afortunadamente, este sacerdote era lo suficientemente sabio como para saber que Dios puede hablar a través de una mujer. La Biblia dice que Hulda vivía en el segundo distrito de Jerusalén (v. 14). No sabemos nada acerca de ella excepto que su marido era el guarda de las vestiduras. Probablemente no era una mujer de recursos. Los profetas de Dios tienden a emerger de la oscuridad y luego a desaparecer así de rápido.

Quienquiera que fuera Hulda, conocía a Dios. Y mientras el resto de la nación se había vuelto a los ídolos, ella se mantenía pura. A ella no le era desconocido el libro olvidado. Su profecía, registrada en 2 Reyes 22:15-20, suena con tanta autoridad como cualquier cosa que Isaías o Jeremías hubiera dicho:

> Por cuanto me dejaron a mí, y quemaron incienso a dioses ajenos, provocándome a ira con toda la obra de sus manos; mi ira se ha encendido contra este lugar, y no se apagará.
>
> —2 Reyes 22:17

Hulda también dio una palabra profética de dirección para el rey Josías, diciéndole que Él mismo sería librado de todo mal por su reacción de arrepentimiento. Como resultado de la indicación de Hulda, Josías comenzó un programa arrasador de reformas ambiciosas, dentro del cual purgó el templo de la adoración a Baal, derribó los altares demoníacos, libró a la tierra de las prácticas ocultas, detuvo los sacrificios de niños, ejecutó a los sacerdotes que habían desviado a la gente y reinstauró la celebración de la Pascua.

Todo esto sucedió porqué una mujer dirigió al pueblo de Dios en la dirección correcta. Hulda, a diferencia de Eva, no estaba escuchando a la serpiente. Su oído estaba afinado con Dios en el momento en el cual nadie más lo estaba. ¿Por qué, entonces, no somos más abiertos a darle a las *Hulda* de hoy un lugar de influencia piadosa? Ojalá que no esperemos hasta enfrentar una emergencia nacional antes de que les pidamos que profeticen.

El apóstol Pablo y las mujeres

Como vemos, está claro por el ejemplo de Hulda que Dios puede utilizar a las mujeres para enseñar y profetizar con autoridad. Pero

¿qué vamos a hacer con las palabras del apóstol Pablo que aparece en 1 Timoteo 2:12-14? Este es el pasaje que a menudo se utiliza para restringir el ministerio de las mujeres, y como Pablo hizo referencia a Eva siendo engañada, se ha utilizado para alentar el argumento de que la mujer va a desviar a la Iglesia si se le da la oportunidad. El pasaje se lee de esta manera:

> Porque no permito a la mujer enseñar, ni ejercer dominio sobre el hombre, sino estar en silencio. Porque Adán fue formado primero, después Eva; y Adán no fue engañado, sino que la mujer, siendo engañada, incurrió en transgresión.
>
> —1 Timoteo 2:12-14

Este es un pasaje curioso en realidad, que ha confundido a los eruditos de la Biblia durante siglos. Es confuso por varias razones:

1. Parece contradecir que las mujeres han sido usadas para hablar de parte de Dios en el Antiguo Testamento (mujeres como Débora y Hulda, por ejemplo).

2. No se ajusta a las prácticas del mismo Pablo, ya que él tenía maestras en su ministerio, como Priscila, además, animaba a las mujeres a que enseñaran (Tit. 2:3-4).

3. Pablo anima a las mujeres a profetizar en la reunión de la iglesia local, en 1 Corintios 11:5, y las invita a que participen igualmente del ejercicio de los dones espirituales en la asamblea (1 Cor. 12:7-11).

Entonces, ¿qué es lo que Pablo está diciendo en 1 Timoteo?

Si tomamos el pasaje en su valor literal, tendríamos que decir que las mujeres no pueden enseñar a nadie, ni siquiera a los niños. Los eruditos conservadores ignoran esta interpretación al insistir en que lo que Pablo está restringiendo aquí es cualquier forma de *discurso con autoridad* que provenga de las mujeres. Si fuera ese el caso, ¿no excluiría esto la profecía de Hulda al rey Josías? Ciertamente podríamos describir su palabra de juicio inminente, la cual se cumplió rápidamente, como llena de autoridad. Y, ¿qué hay acerca de las palabras de Débora, las cuales están incluidas en el canon de la Escritura, en Jueces 4 y 5? ¿No son palabras llenas de autoridad, ya que llevan la autoridad de la Sagrada Escritura? ¿No se considerarían también discursos llenos de autoridad la oración de Ana, en 1 Samuel 2:1-10, o la exaltación de María, en Lucas 1:46-55, conocida como el *Magníficat*?

A los tradicionalistas que creen que Pablo nunca les permitió a las mujeres enseñar en un escenario masculino o tener posiciones de autoridad en la Iglesia les debe parecer muy difícil enfrentarse a estas otras porciones de la Escritura. Por eso es que pocas veces vas a escuchar a un tradicionalista predicar sobre Débora y Hulda.

¿Pero, qué hacemos con las palabras de Pablo? Hay dos posibles interpretaciones:

1. Las mujeres en Éfeso necesitaban más instrucción.

Debemos tomar nota de que este pasaje está precedido por otra indicación curiosa de Pablo a las mujeres: "La mujer aprenda en silencio, con toda sujeción" (1 Ti. 2:11). Eso nos puede sonar bastante sexista hoy en día, pero debemos recordar que a las mujeres de su cultura se les había negado toda oportunidad de educación. Con excepción de algunas mujeres romanas de clase alta, las mujeres del Oriente Medio y Asia Menor eran secuestradas en casa y las mantenían alejadas de los libros y de todo aprendizaje. Las únicas cosas que los hombres querían que aprendieran eran: cocinar, ir por el agua, atender a las cabras, limpiar la casa y criar a los niños.

Los rabinos judíos, de hecho, creían que incluso era blasfemo que las mujeres enseñaran la Torá. Jesús contradijo este punto de vista cuando invitó a las mujeres a sentarse a sus pies y aprender. Pablo, de la misma forma, invitó a las mujeres a aprender la Palabra de Dios, siempre y cuando lo hicieran de la manera apropiada, no como creyendo saberlo todo, sino con un espíritu enseñable.

Es posible que las recién convertidas en Éfeso estuvieran abusando y estuvieran tratando de enseñar el Evangelio cuando todavía no estaban calificadas para hacerlo. Si este hubiera sido el caso, su ignorancia habría creado problemas serios en la iglesia. Pablo hubiera tenido que mostrarse firme y decir: "Ya basta. Las mujeres no pueden enseñar hasta que sepan de lo que están hablando".

Pero, ¿por qué Pablo habría incluido una prohibición para enseñar a los hombres? Es posible que se estuviera refiriendo a los maestros varones que habían aprendido suficiente teología como para merecer la plataforma en la iglesia de Éfeso. Si las mujeres estaban de pie en la reunión de la iglesia, haciendo preguntas, o comentando sus propios puntos de vista errados, o contradiciendo a los ancianos, esto hubiera creado un caos en la iglesia y hubiera usurpado autoridad de los líderes designados, quienes estaban entrenados en la doctrina.

¿Y por qué Pablo habrá mencionado a Adán y a Eva? Gilbert Bilezikian sugiere que Pablo menciona la historia del huerto de Edén para recordarles a las mujeres ignorantes de Éfeso que tenían mucho que aprender de aquellos que habían sido instruidos. Él escribe:

> En la fatal historia de la caída, fue Eva la persona menos informada, la que comenzó un curso de acción equivocado y que la llevó al error. Eva no fue creada primero o al mismo tiempo que Adán. Ella era la última en aparecer en la escena. De los dos, ella era quien se había perdido de primera mano esa experiencia cuando Dios dio la prohibición concerniente al árbol. Ella debió dejarle el asunto a Adán, quien estaba mejor informado para tratar con eso, ya que él había recibido la orden directamente de Dios. Respecto a la Palabra de Dios, Adán había sido el maestro de Eva, y Eva la alumna. Sin embargo, cuando la crisis surgió, ella actuó como la maestra y cayó en la trampa del diablo. Su error fue ejercitar una función de autoridad para la cual no estaba preparada.[6]

Si esta es la razón por la cual Pablo menciona a Eva en su mensaje a las mujeres de Éfeso, uno se debe preguntar: ¿Estaba acaso estableciendo una regla permanente que por el resto del tiempo le prohibiera a las mujeres enseñar o expresar autoridad? ¿O estaba ejerciendo una corrección que solo se aplicaba a la situación en Éfeso? Sabiendo que Pablo había lanzado a otras mujeres como Priscila a que enseñaran la Biblia, y sabiendo que él puso tanto a hombres como mujeres para fungir como líderes de la iglesia local (1 Ti. 3:1-11), debemos concluir que sus palabras aquí fueron para corregir la situación que tenía a la mano.

Después de todo, si Pablo llamó a las mujeres a aprender "en toda sujeción" a la Palabra de Dios, entonces seguramente esperaba que se convirtieran en discípulas maduras que pudieran tener la habilidad de enseñar a otros después de recibir suficiente entrenamiento.

2. La iglesia de Éfeso estaba plagada de falsos maestros, algunos de ellos mujeres.

Otros eruditos proponen que Éfeso, un centro pagano del mundo antiguo, estaba siendo dominado por la herejía y la falsa doctrina a causa de varias sectas y cultos gnósticos. La arqueología indica que el culto a Diana, una religión mística dominada por sacerdotisas, florecía en Éfeso al mismo tiempo que Timoteo estaba dirigiendo la iglesia allí.

En medio de este dilema, una teoría sugiere que los falsos maestros se estaban infiltrando en la joven iglesia de Éfeso y desviando a la gente con sus mitos, visiones falsas y fábulas. Richard y Catherine Clark-Kroeger, en su excelente libro *I Suffer Not a Woman (No le permito a la mujer)* proponen que maestras falsas pertenecientes al culto de Diana se habían infiltrado en la iglesia y estaban usurpando autoridad de los maestros que Pablo había asignado.

Una de las fábulas gnósticas que se decían comúnmente en la época involucraba a Eva. Los gnósticos, a quienes encantaba poner los relatos de la Biblia de cabeza para torcer la verdad bíblica, se inventaron la idea de que Eva había sido creada primero que Adán y que ella en realidad había liberado al mundo al escuchar a la serpiente. En los templos paganos de la región alrededor de Éfeso, las imágenes de las deidades femeninas a menudo son representadas con imágenes de serpientes.[7]

Por eso, es posible que una o más maestras falsas hubieran invadido la iglesia de Éfeso y estuvieran esparciendo esta doctrina detestable entre los nuevos cristianos. Loren Cunningham, en su libro *¿Por qué no la mujer?* sugiere que Pablo en realidad estaba señalando a una maestra falsa y que 1 Timoteo 2:12 debería ser traducido así: "Porque no permito a esa mujer enseñar".[8] Si este fue verdaderamente el caso, lo más seguro que Pablo quería enseñarles sobre la creación de Eva, ya que esta maestra falsa le había dicho a los efesios dos grandes mentiras: (1) que Eva había sido creada primero, y (2) que Eva no había sido engañada por la serpiente, sino iluminada por ella.

Entonces Pablo aclaró la confusión: "Porque Adán fue formado primero, después Eva; y Adán no fue engañado, sino que la mujer, siendo engañada, incurrió en transgresión" (1 Ti. 2:13-14).

Ya sea que Pablo haya estado luchando con una maestra falsa en este caso, o sencillamente solicitándole a las mujeres que recibieran la enseñanza adecuada, no podemos usar 1 Timoteo 2:12 como una prohibición completa en contra de lanzar a las mujeres al ministerio. En cambio, este pasaje abre las puertas para que las mujeres sean entrenadas para el ministerio público y las desafía a manejar la Palabra de Dios con precisión. Obviamente, no necesitamos hoy día ministras que sean indisciplinadas o que no se puedan controlar a sí mismas, o que estén buscando esparcir una herejía. Pero, por todos los medios, debemos comisionar y ordenar tantas mujeres capaces y ungidas como sea posible para hacer avanzar la difusión del Evangelio. Lo que necesitamos en esta hora crítica son mujeres como Hulda, que han estudiado la Palabra y tienen la unción de proclamar el consejo de Dios.

Pregunta 19

CUBIERTA...¿O ENCUBIERTA?

Mi iglesia permite a las mujeres ministrar, pero dicen que un hombre debe proveer cobertura espiritual para nuestras reuniones o estudios bíblicos. ¿Esto es una política bíblica?

L

A REGLA QUE me describes es bastante común en muchas iglesias conservadoras evangélicas, aunque casi siempre es una política no escrita. Recibí una carta una vez de una mujer que dirigía un estudio bíblico semanal para mujeres. Ella me dijo que cuando el pastor se enteró de que planeaba celebrar la Cena del Señor durante la reunión, le dijo que ella no la podía hacer a menos que estuviera presente un diácono o un anciano de la congregación. El anciano no tenía que servir los elementos, pero tenía que estar en el lugar para supervisar los procedimientos.

A otra mujer que conozco que estaba organizando un congreso de mujeres, se le dijo que un hombre debía estar sentado en la plataforma, aun y cuando no enseñara nada o dijera nada desde el púlpito. En algunas denominaciones que patrocinan congresos de mujeres, a menudo comisionan a un hombre para que dé por lo menos una sesión, para que haya una "cobertura masculina" en el evento.

¿Realmente es una política bíblica? Ciertamente es aceptable que un hombre hable en un congreso de mujeres. Pero no hay un solo versículo en las Escrituras que requiera que esté presente. El apóstol Pablo no lo mencionó cuando habló acerca del orden en la congregación y de los dones espirituales en 1 Corintios 11 y 12, donde les da tanto a los hombres como a las mujeres la libertad de profetizar como el Espíritu Santo les dirija. Los líderes de la congregación de Corinto estaban discutiendo acerca de si una mujer podía o no profetizar u orar con un velo o con la cabeza cubierta. Un asunto cultural por el cual no estamos preocupados el día de hoy.

Cuando Pablo le instruyó a Tito que las ancianas (mujeres mayores o *presbúteros*) deberían enseñar "a las mujeres jóvenes", no añadió la condición de que un hombre tuviera que estar presente durante la enseñanza (Tit. 2:4). Obviamente, había reuniones de mujeres que se estaban llevando a cabo en la iglesia del primer siglo, y podemos asumir que ellas no siempre tenían supervisión masculina, ya que nunca se menciona.

La Biblia no dice si las líderes estaban sirviendo la comunión o bautizando a los nuevos convertidos, pero ciertamente es fácil creer que lo estaban haciendo, especialmente ahora que sabemos que otras mujeres, como la compañera de Pablo, Ninfas, había sido puesta a cargo de una congregación, por lo menos (Col. 4:15).

Si la política de la "cobertura masculina" no es una regla bíblica, ¿entonces de dónde salió esa idea? Podríamos encontrar por lo menos parte de la respuesta al estudiar la historia del movimiento de las misiones al extranjero.

No fue sino hasta la mitad del siglo diecinueve que un gran número de mujeres comenzaron a involucrarse en cumplir con la Gran Comisión. Hasta ese tiempo, excepto unas pocas que estuvieron dispuestas a desafiar el *statu quo*, la mayoría de las mujeres asumía que solo los hombres podían ser evangelistas o maestros de la Biblia. Pero cuando el llamado del Espíritu Santo salió para suplir las necesidades físicas y espirituales de África y Asia, las mujeres comenzaron a responder y los hombres no sabían exactamente cómo manejar este dilema.

Ruth Tucker y Walter Liefeld, en su libro *Daughters of the Church* (Hijas de la Iglesia) nos dicen que tantas mujeres respondieron al llamado de las misiones mundiales que a finales del siglo diecinueve, en 1894, había treinta y tres misioneras en el extranjero. Más de mil mujeres estaban involucradas en la enseñanza, trabajo médico o evangelismo en otros países. Una de las valientes campeonas de este movimiento fue Helen Barret Montgomery, quien escribió muchos libros y estudios acerca de los logros de las misioneras. En su libro *Western Women in Eastern Lands (Mujeres occidentales en tierras orientales)* ella reporta que entre los años de 1860 y 1910, estas tropas de mujeres misioneras solteras creció, de una a 4710, mientras que las sociedades de mujeres misioneras crecieron, de 1 a 44.[1]

Pero Tucker y Liefield señalan que estas nuevas mujeres misioneras causaron gran revuelo en el campo. De hecho, muchas de ellas se desilusionaron una vez que llegaron a sus misiones porque se les dijo que no se les permitiría hacer nada más que enseñar clases para niñas o ser secretarias. Algunas, como la pionera bautista del sur Lottie Moon, protestaron ruidosamente; a otras sí se les dio libertad de enseñar y de incluso comenzar congregaciones sin interferencia.

Pocas, como Mary Slessor, cuyo trabajo en Calabar (ahora Nigeria oriental) pavimentó el camino para un avivamiento sin precedentes en ese lugar, convenció a sus superiores de que una mujer era más apropiada para ganar a los caciques hostiles, porque no los intimidarían.[2]

Pero las *Mary Slessor* de finales del siglo diecinueve causaron demasiadas perturbaciones, y hubo una predecible reacción de parte de los hombres que tenían una mentalidad tradicional. La autora Jane Hunter señala: "La salida en masa de las mujeres al campo misionero durante el siglo diecinueve llevó a algunos directores de las juntas misioneras a sentir la necesidad de recordarles a las mujeres su lugar".[3] Un líder bautista se sintió obligado a lanzar esta declaración, en 1888, para todos los obreros en el campo misionero:

> La obra de las mujeres en el campo extranjero debe tener cuidado de reconocer el liderazgo de un hombre para poner en orden los asuntos del Reino de Dios. No debemos permitir el voto mayoritario del mejor sexo, ni la habilidad y eficiencia de tantas ayudantes, ni siquiera la excepcional facultad para el liderazgo y la

organización que algunas de ellas han exhibido en su trabajo, desacredite el liderazgo natural y predestinado del hombre en las misiones, así como en la Iglesia de Dios: y "el hombre es la cabeza de la mujer".[4]

Obviamente, el líder bautista no creía en la igualdad entre hombres y mujeres, aunque las lisonjeara con su comentario de "mejor sexo". Podemos perdonarlo por esta actitud, ya que vivió en una época anterior a que las mujeres incluso votaran. Es más difícil entender por qué los hombres hoy todavía no están dispuestos ni sean capaces de reconocer que Dios puede usar a las mujeres de formas extraordinarias, incluso cuando no estén siendo supervisadas, o cubiertas, por un hombre.

Toda la idea de necesitar la cobertura de un hombre levanta millares de preguntas ridículas. ¿Necesita una mujer a un hombre que la cubra cuando habla de su fe con otra persona en la calle? ¿Y si se siente dirigida a evangelizar a atletas femeninas? , ¿Debe llevarse a un hombre con ella al vestidor? ¿Qué actividades espirituales tiene permitido hacer la mujer sin la presencia de un hombre? Si no puede enseñar desde el púlpito sin que un hombre esté sentado cerca, ¿puede escribir un libro que contenga el mismo mensaje, sabiendo que las mujeres lo van a leer sin la supervisión de un hombre? El argumento se vuelve tonto.

Principios bíblicos para el ministerio femenil

Si te has enfrentado con este asunto en tu iglesia, te aconsejaría que no eches a andar una discusión con tu pastor insistiendo en que no necesitas su cobertura o la de otro hombre. Pero puedes, con gracia, invitarlo a considerar estos principios bíblicos mientras él desarrolla una política respecto a las mujeres y el ministerio:

1. El concepto de cabeza pertenece al matrimonio.

Cuando los líderes de la iglesia levantan el asunto de que el hombre es la cabeza, se están refiriendo a dos pasajes en el Nuevo

Testamento: Efesios 5:23 ("Porque el marido es cabeza de la mujer") y 1 Corintios 11:3 ("El varón es la cabeza de la mujer"). Algunas personas han asumido que esto significa que los hombres han sido diseñados para ser los líderes en la sociedad, y que las mujeres han sido llamadas a seguirlos, y asumen que este es el modelo de Dios para la Iglesia también. Pero necesitamos ser cuidadosos aquí, señalando que, en ambos pasajes, Pablo se está refiriendo a la relación de una esposa con su marido, no a la relación de la mujer con otros hombres. En la actualidad sería un concepto herético enseñar que las mujeres están colocadas de alguna forma en sujeción a todos los hombres. Pablo no está hablando aquí acerca de hombres y mujeres en general, Él está hablando del matrimonio en lo particular.

Si investigamos estos pasajes con mayor profundidad, descubrimos que el concepto de ser cabeza, no tiene nada que ver con autoridad. Es acerca de intimidad, reciprocidad y la conexión única que existe entre el marido y la mujer. La palabra utilizada aquí para *cabeza* en el griego es *kefalé*, que puede ser traducida como *fuente*, como la cabeza (o cabezal) de un río es la fuente del río. Si Pablo hubiera querido decir: "El esposo es el jefe de la esposa", o "El esposo es el líder de la esposa", hubiera utilizado la palabra griega *archon*, la cual es utilizada a menudo en el Nuevo Testamento para denotar autoridad. (Vea la discusión anterior de estos términos en el capítulo dos). Él usa *kefalé*, un término menos común.

¿Por qué Pablo diría que el esposo es la fuente de la esposa? En ambos pasajes se refiere al origen de la mujer, en Edén. Adán fue la *cabeza* o *fuente* de Eva porque ella fue tomada de su costado. Y como ella salió de él, ella, como la esposa, goza de una conexión única con él que no puede ser comparada con ninguna otra relación humana.

Por lo tanto, el principio de ser cabeza, realmente no tiene nada que ver con la autoridad en el hogar. Más bien subraya la dependencia mutua que un marido y su esposa tienen el uno con el otro; y llama a los esposos a alimentar y cuidar a sus esposas, ya que tienen una íntima conexión con ellas en un sentido espiritual. El teólogo Gilbert Bilezikian lo dice mejor en su libro *Beyond Sex Roles*:

> Porque el hombre, como cabezal de la existencia de la mujer, fue utilizado originalmente para proveerle la misma vida, y porque sigue amándola de manera sacrificada como a su propio cuerpo en el matrimonio, a su vez, la esposa cristiana se une a su marido en una relación similar a la sumisión de una sierva lo cual expresa su unicidad como pareja. La imposición de una estructura de autoridad sobre este exquisito equilibrio de reciprocidad paganizaría la relación matrimonial.[5]

En verdad, si el hecho de que el varón sea la cabeza en el matrimonio no se trata de jerarquía de autoridad, ¿entonces por qué imponer tal concepto en las relaciones mujer-varón en la Iglesia?

2. Es necesaria la autoridad espiritual

Mientras que no es bíblico declarar que una mujer debe tener una cobertura masculina para llevar a cabo ningún tipo de ministerio legítimo, eso no significa que no necesite reconocer una autoridad espiritual. Ninguna mujer que haya sido llamada al ministerio (y ningún hombre, de la misma manera) debe ser un llanero solitario espiritual. Porque todos tenemos debilidades humanas, y ya que somos susceptibles a las tentaciones del orgullo, el engaño y la ofensa, todos necesitamos estar en comunión con otros creyentes maduros que puedan proveernos dirección y corrección, así como ánimo y consejo. Esa es la razón por la cual tenemos denominaciones, redes de iglesias y agencias misioneras.

Aunque desafío agresivamente a las mujeres que entren al ministerio, nunca les aconsejaría que lo hicieran solas o que albergaran un espíritu de rebeldía o independencia. Las mujeres no necesitan una cobertura masculina para legitimarlas, pero de hecho sí necesitan tener una actitud sumisa (y lo mismo se aplica a los hombres). Dios pone autoridad sobre nuestras vidas para proveer la oportunidad de que demos cuentas, tengamos apoyo y seamos guiados piadosamente.

Si esa autoridad es femenina o masculina no viene al caso. Dios ha colocado tanto a padres como a madres espirituales en su familia. Pero somos necios si pensamos que lo podemos lograr sin ellos.

Por otro lado, también necesitamos reconocer que la autoridad espiritual en la Iglesia, como está revelada en el Nuevo Testamento, no se trata de control eclesiástico. Todos sabemos que los hombres (y las mujeres) pueden organizar una estructura denominacional con obispos, ancianos regionales, políticas, leyes, programas y burocracia a muchos niveles, y aun así estar vacía del poder del Espíritu Santo. No ganamos nada en someternos a una estructura así.

La autoridad espiritual establecida en las Escrituras es el ministerio quíntuple de apóstoles, profetas, pastores, maestros y evangelistas mencionados en Efesios 4:11. Y se nos dice que estos individuos con grandes dones no deben gobernar la Iglesia a la manera de los gentiles, sino "a fin de perfeccionar a los santos para la obra del ministerio, para la edificación del cuerpo de Cristo" (v. 12). Ellos están llevando gente a la libertad de un ministerio que recibe su poder del Espíritu Santo; no están controlando el Espíritu Santo en la vida de los creyentes.

3. La unción del Espíritu Santo no está restringida por el género.

Se debe observar que las mujeres en la Biblia (tanto el Antiguo como el Nuevo Testamento) llevaron a cabo tareas ministeriales y ostentaron posiciones de autoridad sin la presencia de hombres. El apóstol Pablo mismo le escribió a la iglesia en Roma y les pidió que apoyaran a una mujer llamada Febe, una diaconisa que servía en el equipo apostólico de Pablo (Ro. 16:1-2).

Obviamente, Pablo no estaba con Febe cuando ella llegó a Cencrea, ya que les estaba escribiendo a los romanos desde la prisión. Pero ella estaba haciendo la obra del Evangelio, probablemente evangelizando y ayudando a organizar nuevas congregaciones, y Pablo les pidió a sus colegas que *la recibieran*. No mencionó a ningún hombre que viajara con ella y fungiera como su cobertura, y la Biblia no nos dice si ella era soltera, casada o viuda. El respaldo de Pablo era cobertura suficiente.

En la atmósfera de avivamiento de la iglesia primitiva, el Espíritu Santo se estaba moviendo demasiado rápido como para que los apóstoles se preocuparan acerca de si las mujeres estaban constituyendo una amenaza para su control. Pablo y sus colegas apostólicos estaban emocionados de tener mujeres entrenadas en sus equipos, ya fuera una diaconisa como Febe; una ungida maestra de la Biblia, como Priscila; o una mujer como Junias, quién era *muy estimada entre los apóstoles* (Ro. 16:7). Oro para que a la Iglesia moderna pronto se le permita disfrutar de la misma atmósfera de libertad, y que cosechemos los mismos resultados sobrenaturales, que los apóstoles del primer siglo.

Pregunta 20

CUANDO LAS MUJERES ESTÁN A CARGO

P Creo que está mal que un hombre reciba instrucción espiritual o tutela de una mujer. ¿No hace que un hombre se vuelva un afeminado si se somete a una mujer de esta manera?

ESTE ES UN argumento común utilizado por aquellos que se oponen a que las mujeres estén en el liderazgo de la iglesia. Algunos tradicionalistas argumentan que es *contra naturaleza* que una mujer enseñe, influencie o dirija a un hombre espiritualmente. Ellos creen que si una mujer ostenta una posición de autoridad sobre un hombre, este "perderá su hombría" al capitular habilidad para dirigir. También implican que al permitirle a la mujer que ocupe posiciones de liderazgo, la iglesia finalmente va a perder sus distinciones de género. ("Después de todo", preguntan, "si tanto los hombres como las mujeres pueden dirigir, ¿cuál es la diferencia entre los géneros?") Otros van tan lejos como para sugerir que colocar a las mujeres en posiciones de autoridad va a deshilvanar el tejido de la vida familiar e incluso puede fomentar la homosexualidad.

En su libro *Recovering Biblical Manhood and Womanhood* (La recuperación bíblica de la masculinidad y la feminidad), los eruditos evangélicos Wayne Grudem y John Piper hacen la defensa de lo que se conoce como el punto de vista *complementarista* de las relaciones entre géneros. Ellos argumentan, con mucha razón, que la familia bíblica está siendo atacada por los humanistas y los feministas seculares que quieren liberar al mundo de toda diferencia de género. Esta, ciertamente, es una crisis que la Iglesia debe abordar. Sin embargo, la solución de Grudem y Piper a esta crisis es que los hombres siempre deben ser los líderes en el hogar y en la Iglesia, y que las mujeres nunca deben asumir el papel del líder en ningún nivel en la vida de la Iglesia; excepto en el ministerio de las mujeres o de los niños.

Yo estaría de acuerdo con que los cristianos deben hacer todo lo posible por inculcar una masculinidad piadosa en nuestros varones y femineidad piadosa en nuestras mujeres. Dios nunca tuvo el propósito de que los géneros fueran modificados o neutralizados. Él se glorifica por las diferencias de género, y su naturaleza divina se revela a través de los hombres y las mujeres en sus características únicas (Gn. 1:27). La homosexualidad no es el diseño de Dios para las relaciones humanas. Él Creador escogió revelarse a sí mismo a través de hombres y mujeres, e instituyó el matrimonio heterosexual para nuestro goce y para la procreación.

Dios nunca tuvo la intención de que las mujeres actuaran masculinamente o de que los hombres actuaran femeninamente. Él quiere que nuestros niños sean confirmados en su masculinidad por sus padres; de la misma manera, las madres (al igual que los padres) tienen un papel clave en confirmar la femineidad de sus hijas. Pero los tradicionalistas yerran cuando sugieren que la masculinidad de un hombre es amenazada cuando una mujer asume el papel de liderazgo, sea como maestra de la Biblia o como supervisora espiritual de algún tipo. Las Escrituras no apoyan ese principio. Las mujeres pueden dirigir de una forma femenina que glorifique a Dios. (Y los hombres que son amenazados por el liderazgo femenino en realidad pueden estar sufriendo de una profunda inseguridad en su propia masculinidad).

Usemos algo de lógica aquí. Si debemos creer que las mujeres ejercen una mala influencia cuando enseñan a los varones, entonces ¿por qué dejamos que las mujeres instruyan a los niños en la escuela dominical, el jardín de niños o la educación primaria? La última vez que lo revisé, la mayoría de las personas que enseñan en nuestras escuelas son mujeres, y la mayoría de las iglesias dejan el ministerio de los niños a las mujeres ya que han sido excluidas de las posiciones de liderazgo de todos modos. ¿No es eso doble moral? Si realmente creemos que los niños varones pueden ser dañados por toda esta influencia femenina, ¿por qué no insistimos en que todos los niños varones deban ser enseñados por hombres?

¿Las maestras de adolescentes en las escuelas de enseñanza media superior hacen que sus alumnos varones sean afeminados al ejercer autoridad sobre ellos? ¿Deben las mujeres enseñar en la universidad? ¿Una vez que los hombres entren en la fuerza laboral se afeminan si tienen supervisoras? Y la lista de preguntas se vuelve irrisoria.

¿Y qué hay acerca del impacto de las madres sabias sobre sus hijos? La Biblia, de hecho, exalta la influencia materna. En el libro de Proverbios Salomón escribió: "Oye, hijo mío, la instrucción de tu padre, *y no desprecies la dirección de tu madre*" (Pr. 1:8, cursivas del autor). Si las figuras femeninas de autoridad son "contra naturaleza", ¿por qué hay tantas de ellas en las Escrituras? La sabiduría de Dios, de hecho, es personificada como una mujer que enseña, y su mensaje está dirigido a los hombres (Pr. 8:4).

La mayoría de los hombres cristianos que conozco que han tenido un impacto espiritual significativo pueden enumeran varias "madres espirituales" que influyeron en su crecimiento y madurez en Cristo. La influencia de estas mujeres no convirtió a estos hombres en niñitas, ni hicieron descender sus niveles de testosterona.

En diciembre de 2001, entrevisté a uno de los pastores más prominentes de Nigeria, el obispo David Oyedepo. Su congregación, a las afueras de Lagos, tiene la distinción de reunirse en uno de los templos más grandes del mundo. El santuario principal, con cincuenta mil asientos, estaba lleno a toda su capacidad la noche del miércoles que estuve allí. Otras veinte mil personas estaban sentadas o de pie, escuchando y viendo el servicio en una pantalla de video gigante.

Oyedepo, quien es bastante visionario, construyó una universidad cristiana en su propiedad, la cual pagó en efectivo con el dinero que levantó sin ayuda de los Estados Unidos. Su meta ambiciosa es entrenar líderes piadosos que algún día puedan transformar el sistema social disfuncional de Nigeria.

Cuando le pedí a este hombre lleno de fe que me contara su testimonio, sonrío inmediatamente y expresó su gratitud por los misioneros que habían ido a Nigeria desde el occidente. Explicó que una mujer blanca que trabajaba con la organización Scripture Union lo llevó a Cristo. Ella no pudo vivir lo suficiente para ver cómo su nuevo convertido transformaría Nigeria.

En enero de 2003 conocí a un misionero fascinante, Bahjet Bataresh, quien ha predicado el Evangelio durante cincuenta años y ha visitado casi todos los países del mundo. Criado en Jordania, ha sido usado por Dios para alcanzar a millones de musulmanes en naciones como Pakistán, Egipto y Arabia Saudita. Él estima que más de un millón de personas se han convertido a Cristo a través de su ministerio.

¿Cómo es que este humilde siervo de Dios vino a la fe en Cristo? Aunque fue criado en un hogar nominal ortodoxo, se interesó muy poco en las cosas espirituales cuando niño, y la fe ortodoxa solo se trataba de tradición para él. Pero se encendieron las luces espirituales para el joven Bahjet cuando una maestra misionera vino a su escuela. Ella llevaba consigo una fe vibrante, y le presentó a Bahjet la verdad de que podía nacer de nuevo y que podía conocer a Jesús personalmente. Poco después de que oró para recibir a Cristo, su querida maestra fue perseguida por la comunidad ortodoxa por presentarles creencias protestantes a los alumnos. Ella tuvo que dejar la escuela, pero la fe de Bahjlet permaneció fuerte.

Así que muchos hombres cristianos que conozco tienen historias similares. Vinieron a Cristo por su madre en la fe o por la influencia piadosa de su maestra de escuela dominical, de una tía o de una vecina. El gran misionero Hudson Taylor, quien ayudó a que China se abriera al Evangelio a mediados del siglo diecinueve, dice que fueron su madre y su hermana quienes lo llevaron a un punto de verdadera conversión.[1]

El evangelista Billy Graham fue influenciado fuertemente por la firme maestra presbiteriana de Biblia, Henrietta Mears, cuya pasión por el evangelismo y el discipulado también inspiraron a Bill Bright, fundador de Cruzada Estudiantil para Cristo.[2]

El Nuevo Testamento nos da una escena en la cual una maestra, Priscila (quien había sido entrenada por Pablo), le da corrección e instrucción teológica al hombre conocido como Apolos, un discípulo fervoroso que no había estado predicando el Evangelio de la gracia. Hechos 18:24-28 dice que Priscila y su esposo, Aquila, "le tomaron aparte y le expusieron más exactamente el camino de Dios" (v. 26). Apolos "con gran vehemencia refutaba públicamente a los judíos, demostrando por las Escrituras que Jesús era el Cristo" (v. 28). En este caso, el ministerio de enseñanza de una mujer tuvo un impacto profundo en un hombre que ayudó a poner de cabeza al mundo del primer siglo. Me imagino que Apolos se sintió para siempre en deuda con esta mujer piadosa, quien fue de hecho una tutora en su vida.

La Biblia no minimiza ni rechaza la influencia de la mujer en los hombres que están a su alrededor. Cuando Pablo escribió a su hijo en la fe, Timoteo, le pidió que fuera agradecido por el hecho de que su madre, Eunice, y su abuela, Loida, le hubieran enseñado su "fe no fingida" (2 Ti. 1:5). No sabemos dónde estaba el padre de Timoteo; posiblemente Timoteo fue criado por estas dos mujeres santas. Cual haya sido el caso, Pablo no niega ni minimiza la influencia de estas mujeres en la vida del joven apóstol.

Ya examinamos en el capítulo 18 las palabras de Pablo a Timoteo en las cuales pronunció una prohibición a las enseñanzas femeninas. Esta restricción, la cual es muy a menudo mal usada como una tabla rasa para prohibir que las mujeres participen en el liderazgo, estaba obviamente limitada en su rango de aplicación, porque Pablo en otros pasajes de la Escritura les permite a las mujeres enseñar y dirigir. Los eruditos piensan que la restricción de 1 Timoteo está dirigida a dos posibles grupos:

1. Mujeres que estaban enseñando falsas doctrinas, o
2. Mujeres que no estaban entrenadas ni preparadas para el ministerio público.

Por lo cual, es importante que examinemos más de cerca 1 Timoteo 2:12:

> Porque no permito a la mujer enseñar, ni ejercer dominio sobre el hombre, sino estar en silencio.

En su libro *I Suffer Not a Woman* (No le permito a la mujer) Richard y Catherine Clark Kroeger ofrecen una investigación detallada sobre el significado de la palabra para *ejercer dominio*, la cual es *audsentéo*. Este es el único lugar en el Nuevo Testamento donde se utiliza la palabra, lo cual nos lleva a creer que tiene una definición muy estrecha. La palabra, como era utilizada en la literatura griega de la época, a veces puede referirse a asesinar, a dominar e incluso a castración ritual.[3] No significa solamente: "Tener autoridad" como lo traducen algunas Biblias. La palabra lleva una connotación casi violenta.

¿Qué estaba pasando en la iglesia de los efesios? La teoría de los Kroeger es que los falsos maestros que estaban propagando las peligrosas herejías gnósticas del culto a Diana habían invadido la joven congregación. En esa secta pagana, era conocido que las sacerdotisas declararan que las mujeres eran superiores. Al mismo tiempo alababan a Eva como a una diosa madre. ¡Algunas de ellas estaban enseñando que Eva era la verdadera "autora" o "creadora" del hombre! Por lo tanto, los Kroeger sugieren que 1 Timoteo 2:12 podría ser traducido como:

"No permito que una mujer enseñe o se proclame a sí misma la autora del hombre".[4]

Una enseñanza falsa así, por supuesto, sería blasfema. Contradice la Biblia, tuerce el orden de la creación (al sugerir que la mujer fue hecha antes que el hombre) y redefine y derroca la naturaleza inherentemente sexual del hombre y la mujer; un objetivo obvio para los seguidoresde Diana, quienes promovían la perversión sexual. Ciertamente Dios no permite que una mujer usurpe el papel de un hombre de esta manera.

Sin embargo, no podemos utilizar 1 Timoteo 2:12 ni cualquier otro pasaje bíblico para sugerir que las mujeres entrenadas y llenas del poder del Espíritu no puedan enseñar las Escrituras con autoridad. Ni podemos decir que las mujeres que han recibido dones espirituales de liderazgo, una unción pastoral o la habilidad de enseñar, deban limitar su enseñanza solo a las mujeres. Los hombres que reciben instrucción de tales mujeres no son afeminados; al contrario, crecerán más fuertes en Cristo. Es tiempo de que los líderes masculinos piadosos en la Iglesia se vuelvan lo suficientemente seguros en su hombría para darle la plataforma a una mujer.

Pregunta 21

¿A QUIÉN LE ESTÁS DICIENDO JEZABEL?

En estos últimos años he conocido a muchas mujeres que piensan que han sido llamadas a un papel de liderazgo en la Iglesia. Parece ser que tienen una agenda feminista. ¿No crees que eso es dañino para la Iglesia?

PRIMERO, DEFINAMOS LO quieres decir con una agenda feminista. En la cultura moderna estadounidense los cristianos conservadores tienden a asociar feminismo con un conjunto mundano de valores que incluyen la legalización del aborto y los matrimonios homosexuales. Muchas feministas radicales que han sido elegidas para un puesto público invierten su tiempo combatiendo los ideales de la familia completa. Algunas feministas presionan en sus trabajos por los derechos de las mujeres y ahora se identifican más con la agenda que defiende los derechos de los homosexuales.

Este estilo de agenda feminista no es bueno para el mundo empresarial ni para la arena política, y ciertamente la Iglesia no es su lugar. Dios nunca ha aprobado la homosexualidad y nunca ha apoyado la matanza de bebés inocentes. Ni aprueba que los activistas homosexuales redefinan la familia o impongan su agenda de liberación sexual en la cultura popular de una sociedad.

Sin embargo, cuando escucho a la gente hablando de la *agenda feminista* en la Iglesia, no suelen referirse a alguien que está defendiendo los matrimonios homosexuales o el aborto. Ellos tienden a utilizar este término para describir a una mujer que aspira a una posición de liderazgo. Si es ambiciosa, automáticamente se le tacha de feminista. Y eso es trágico.

En algunos círculos cristianos conservadores, cualquier mujer que tiene un don natural de liderazgo se vuelve sospechosa. Si expresa interés en dirigir un determinado comité o ministerios, se le llama *controladora* o *dominante*; incluso si sus modales son delicados. Y si tiene una personalidad carismática y agresiva, puede que la gente diga que tiene "ansias de poder" o que es "manipuladora". En algunas iglesias una mujer fuerte incluso sería etiquetada como una Jezabel, un término bastante injusto ya que la Jezabel bíblica era una reina malvada y autoritaria que adoraba a dioses paganos y que hacía eunucos a los verdaderos profetas de Dios.

Posiblemente hemos olvidado que el movimiento feminista en los Estados Unidos en realidad tiene raíces cristianas. Comenzó a mediados del siglo diecinueve cuando un grupo de mujeres metodistas y cuáqueras, junto con algunos pastores valientes y otros hombres que las apoyaban, comenzaron a llamar a la sociedad para otorgarle a la mujer el derecho al voto.

Hasta ese momento, ningún gobierno democrático en el mundo había dado siquiera derechos marginales a las mujeres. Pero como resultado del movimiento estadounidense del sufragio, las mujeres recibieron el poder de alcanzar la libertad política. Puertas inmensas de oportunidad se les abrieron por primera vez, y con el tiempo, se aprobaron leyes que aseguraran una paga igual para un trabajo igual. Las mujeres fueron, finalmente, protegidas por la ley, en contra de la discriminación y la injusticia.

Estas líderes valientes del movimiento del sufragio sacaron su inspiración de las Escrituras. Ellas creían que el Evangelio de Cristo era el único poder en el mundo que podía liberar a las mujeres de la opresión cultural y la devaluación. Ellas se llamaban a sí mismas *feministas* porque creían en restaurar la dignidad que Dios quería para sus hijas.

Muchas líderes feministas modernas han abandonado las raíces piadosas de su misión original. Las primeras pioneras de los derechos de las mujeres, quienes muy ciertamente se oponían al aborto y a la homosexualidad, se horrorizarían si pudieran ver que el feminismo ha degenerado hoy en una filosofía pagana. El feminismo moderno ni siquiera es feminismo, ya que el verdadero feminismo es la creencia de que la mujer tiene derechos dados por Dios y dignidad humana. Muchas feministas modernas han abandonado cualquier mención de fe religiosa, y algunas, de hecho, han abrazado la espiritualidad de la Nueva Era y la adoración a diosas.

A la luz de esta perspectiva histórica, abordemos la pregunta de nuevo: ¿Es el feminismo peligroso para la Iglesia? Los cristianos tradicionalistas que hacen esta pregunta, realmente están diciendo: "¿Las mujeres fuertes son peligrosas para la Iglesia?", o "¿No deberíamos estar alertas contra las mujeres que buscan ser líderes?"

¡Qué absurdo! la Iglesia a través de los siglos ha hecho avanzar la causa de Cristo a través de los esfuerzos de fuertes mujeres de fe, y necesitamos más de ellas. ¿Dónde estaríamos hoy sin las mujeres temerarias que llevaron la antorcha del Evangelio en siglos pasados? Desde el día en que las seguidoras de Jesús arriesgaron valientemente sus vidas al estar de pie junto a Él en la cruz, y que luego se convirtieron en las primeras testigos de su resurrección el domingo de Pascua, las mujeres a través de los siglos han enfrentado increíble oposición para llevar el Evangelio al mundo.

+ Las mártires de la primera Iglesia fueron decapitadas, echadas a los leones, quemadas en la hoguera y violadas y mutiladas por sus opresores romanos; aun así mantuvieron el testimonio de Cristo. Algunas de estas mujeres incluso fueron forzadas a ver a sus hijos ser torturados y asesinados; aun así, no negarían su fe.

+ En el periodo medieval, valientes místicas, como Catalina de Siena, resistieron la prisión y la crítica de los obispos católicos romanos. Mujeres que hablaban lo que pensaban, como Joyce Lewes y Joan Waste fueron quemadas en la hoguera por los católicos. (El crimen de Joan Waste fue que memorizaba partes de la Biblia.)[1]

+ En la Nueva Inglaterra colonial, una mujer que hablaba lo que pensaba, llamada Anne Hutchinson, se atrevió a criticar el control religioso de los líderes puritanos. La etiquetaron de rebelde porque creía que el Espíritu Santo le podía hablar a cualquier cristiano. Por rehusarse a renunciar a sus creencias, fue expulsada de donde vivía, Massachusetts Bay Colony y fue asesinada por los indios; convirtiéndose en la primera mártir cristiana del Nuevo Mundo.[2]

+ Mujeres cuáqueras valientes a finales del siglo dieciocho montaban a caballo para predicar el Evangelio de pueblo en pueblo. Lo mismo hicieron muchos de los primeros seguidores de Juan Wesley, el fundador del movimiento metodista; y (en la última parte de su vida) Wesley mismo animaba a las mujeres a entrar en el ministerio público.

+ Durante el siglo diecinueve, incontables mujeres misioneras se arriesgaron a la muerte y a la enfermedad para llevar el Evangelio a los truculentos campos misioneros de África y Asia. Algunas, como Mary Slessor o Amy Carmichael, abrieron brecha para el trabajo misionero.

+ Durante el avivamiento pentecostal de principios de siglo veinte, muchas mujeres fueron llenas del Espíritu Santo y comenzaron a establecer iglesias y a organizar cruzadas de avivamiento. Aimee Semple McPherson fundó una denominación que, en 2001, decía tener más de tres y medio millones de miembros.[3] Las valientes mujeres afroamericanas, incluyendo a Jerena Lee, tuvieron ministerios itinerantes de predicación en una época en la cual los negros no tenían derechos civiles.[4]

+ En China, hoy se estima que dos tercios de los que plantan iglesias en el movimiento clandestino de la iglesia protestante son mujeres entre los dieciocho y veinticuatro años. La mayoría de estas jóvenes valientes han sido encarceladas, golpeadas con barras de hierro y han recibido descargas con picanas eléctricas por su fe, pero esto no las ha detenido de ganar agresivamente terreno para Cristo. De hecho, muchos expertos en misiones creen que los chinos están llevando más personas a Cristo hoy, que los creyentes en cualquier otro país.

La Biblia no nos dice que los hombres deben ser fuertes mientras que las mujeres débiles. La debilidad no es una virtud femenina. A todos los creyentes, de hecho, se les ordena: "Fortaleceos en el Señor, y en el poder de su fuerza" (Ef. 6:10). Cada seguidor justo del Señor es llamado a ser: "Confiado como un león" (Pr. 28:1). Las mujeres pueden ser más débiles que la mayoría de los hombres en un sentido físico, pero todos debemos escuchar las palabras del Señor al profeta Joel, que dijo: "Diga el débil: Fuerte soy" (Jl. 3:10). La verdadera fuerza, después de todo, no se trata acerca de músculos o superioridad física, sino acerca de determinación, decisión, valentía moral y fe llena de celo. ¿No deben las mujeres exhibir estas cualidades también?

Dios no es glorificado cuando una mujer es tímida, apocada o dudosa para hablar o actuar con valentía. La timidez nunca es retratada como una virtud en la Biblia. Dios siempre llama a sus siervos, sean hombres o mujeres, a que pongan su timidez y su introversión a un lado para que puedan recibir denuedo sobrenatural para obedecer sus órdenes.

Moisés no quería hablar de parte de Dios al faraón, pero Dios le dijo: "Ahora pues, ve, y yo estaré con tu boca, y te enseñaré lo que hayas de hablar" (Éx. 4:12). De la misma forma, Ester estaba asustada de apelar al rey Artajerjes acerca del destino de los judíos, pero su primo Mardoqueo le advirtió que su liberación descansaba en su disposición a arriesgar su vida por hablar. Así que Ester, conscientemente, tomó la decisión de dejar su zona de seguridad. Se tragó sus temores, llamó a la oración y al ayuno para apoyar su plan y luego caminó en fe para rescatar a una nación. Su obediencia le hizo un cortocircuito a la maligna conspiración que había sido fraguada en el infierno.

Qué trágico es que la iglesia moderna espere que las mujeres cristianas sean pasivas y comedidas. ¡Este no es el plan de Dios! En algunas iglesias, los líderes varones inseguros ven a las mujeres fuertes como una amenaza a su posición, así que las obligan a permanecer tras bastidores. Esto solo lleva a las mujeres a ser holgazanas, materialistas y aburridas espiritualmente. Es todavía peor cuando las mujeres inseguras se quejan de otras mujeres que aspiran a posiciones de liderazgo.

Al contrario, la Iglesia debe desafiar a todas las mujeres a que se levanten a su máximo llamamiento en Cristo. No todas las mujeres son llamadas a tener la autoridad principal, pero debemos animar a aquellas que tienen dones espirituales a que los desarrollen; ya sea que esos dones sean predicar, enseñar, administrar, servir o mostrar misericordia. Y deberíamos estar llamando a todas las mujeres a ser agresivas en evangelismo, militantes en la oración y arrojadas en sus esfuerzos por transformar la cultura.

Nuestra sociedad se encuentra en una profunda necesidad de reformadoras que se levanten firmes contra una cultura mundana. Necesitamos mujeres valientes que defiendan a los no natos, a los huérfanos, los indigentes, los adictos y a los que han sido vejados. Necesitamos mujeres compasivas que estén dispuestas a arriesgar sus propias vidas para ayudar a las prostitutas, a los niños maltratados, a los drogadictos y a los adolescentes que huyen de casa.

¿Dónde están las profetisas? ¿Dónde están las mujeres que van a clamar en las calles por justicia y compasión? En el Antiguo Testamento Dios levantó a varias mujeres que servían en poderosas posiciones de autoridad. Débora, quien juzgó a Israel durante cuarenta años, fue una precursora para una gran compañía de mujeres que caminarían en este plano de la autoridad en los últimos días. (Ver Jueces 4-5.) Su sabio consejo profético en el campo de batalla resultó en una gran victoria y capacitó al pueblo de Israel para poseer las puertas de sus enemigos.

En Salmos 68:11, se nos dice que "había grande multitud de las que llevaban buenas nuevas". El salmista estaba previendo el día en el cual las mujeres del nuevo pacto sería liberadas de la opresión de la cultura, del prejuicio y de la tradición religiosa, para que tuvieran libertad para proclamar. Este mismo futuro era visto a la distancia por el profeta Joel, quien predijo que cuando el Espíritu Santo fuera derramado en la Iglesia: "Profetizarán vuestros hijos y vuestras hijas" (Jl. 2:28).

En Proverbios 8, la sabiduría de Dios es personificada como una predicadora que se para "en el lugar de las puertas, a la entrada de la ciudad" para llamar a la ciudad, a cuentas (v. 3). Esta mujer valiente grita su mensaje desde los techos y demanda ser escuchada. Cuánto necesitamos que estas predicadoras surjan de nuevo otra vez, ahora.

Aun así, en la Iglesia de hoy, por lo menos en los Estados Unidos, la mayoría de las mujeres no están diciendo nada. Les hemos dicho a las mujeres que deben dejar que los hombres dirijan. Las hemos animado a que se escondan en las sombras. En algunas iglesias, las mujeres incluso han sido amordazadas y se les ha dicho que el único lugar donde pueden enseñar es en el hogar, en un estudio bíblico para mujeres o en una clase de la escuela dominical para niños. Sí, esas áreas son de gran importancia, pero no son todos los lugares a los cuales la mujer ha sido llamada a influenciar.

¿Por qué la Iglesia ha silenciado a la mujer? ¿Por qué las hemos instado a que se conformen con menos? ¿Por qué es que las hemos persuadido de que eviten el campo de batalla? Creo que el diablo está detrás de esta estrategia. Él sabe que hay un potencial no canalizado para un avivamiento espiritual y para la reforma, cuando las mujeres descubran quiénes son en Cristo, y quién es Cristo en ellas. Él sabe que cuando las mujeres reciban una revelación divina de su piadosa autoridad, el Reino de Dios avanzará y el infierno será saqueado.

Ya es tiempo de que la Iglesia deje de temerles a las mujeres fuertes. Las necesitamos más que nunca. Necesitamos *Déboras y Esteres* modernas que escuchen la estrategia de batalla de Dios y, liberen a los que están destinados a la destrucción. Necesitamos otra generación de mujeres llenas de poder que, como las piadosas sufragistas de finales del siglo diecinueve, se levanten en el poder de Dios para vencer la opresión y dejar la marca de Cristo en la sociedad.

Más daño se hará a la Iglesia por las mujeres débiles que por las fuertes. Necesitamos una nueva generación de mujeres que emulen el arrojo de Catherine Booth, Amy Carmichael, Margarte Fell, Frances Willard, Lottie Moon y muchas otras profetisas valientes de la historia que no permitieron que su género domara su fuego por Dios.

Si has sido etiquetada como feminista simplemente porque decidiste dar un paso de fe y obedecer el llamado de Dios en tu vida, entonces considéralo como una distracción menor, y no permitas que eso te detenga. De hecho, si sigues adelante para perseguir un llamado radical en obediencia a Dios, la gente te va a decir cosas peores. Acostúmbrate. Considera un honor poner tu reputación en el altar, para la gloria de Dios.

PASTORADO CON LÁPIZ LABIAL

Hace poco asistí a una iglesia dirigida por una pastora, y me escandalizó por su estilo de liderazgo dominante. ¿No crees que las mujeres son demasiado controladoras y manipuladoras como para estar en la posición del pastor principal?

U N AMIGO RECIENTEMENTE me envió una lista llamada: "Razones por las cuales los hombres nunca deberían ser pastores". Esta pieza de humor incluía estas declaraciones asombrosas:

+ Los hombres son demasiado emocionales para ser pastores. Su conducta en los juegos de fútbol y básquetbol lo prueba.

+ Algunos hombres son demasiado apuestos. Distraerían a las adoradoras.

+ Su constitución física indica que los hombres son más adecuados para tareas como cortar árboles y luchar con leones montañeses. No sería "natural" que llevaran a cabo otras formas de trabajo.

+ La persona que traicionó a Jesús era un hombre. Por lo tanto, su falta de fe y el castigo que recibió es un símbolo de que la posición subordinada es todo lo que los hombres deben ocupar.

+ Los hombres son demasiado propensos a la violencia. Ningún hombre verdaderamente masculino quiere arreglar una disputa sin irse a los golpes. Por lo tanto, los hombres serían muy malos ejemplos, así como muy inestables en posiciones de liderazgo.

+ Los pastores ordenados deben alimentar a sus congregaciones. Pero este no es un papel masculino tradicional. Más bien, a través de la historia, las mujeres han sido consideradas más capaces que los hombres en alimentar a otros. Esto las hace la opción obvia para la ordenación.

✦ A los hombres que tienen hijos, sus deberes pastorales pueden distraerlos de su responsabilidad de ser padres.

✦ Los hombres pueden estar involucrados en actividades de la iglesia, aun sin estar ordenados. Pueden barrer las aceras, reparar el techo de la iglesia y probablemente dirigir un canto el Día del Padre. Al confinarse ellos mismos a los papeles masculinos tradicionales, pueden ser vitalmente importantes en la vida de la iglesia.

Obviamente el autor de esta pieza anónima de humor estaba jugando con las excusas que la gente ha inventado para mantener a las mujeres fuera del ministerio. He escuchado todas estas excusas, y muchas más, tanto de hombres como de mujeres que están incómodos con que las mujeres sean pastoras y predicadoras. Pero una excusa que brilla por encima de las demás es la que tú mencionaste. Es la excusa que dice: "Las mujeres no deberían pastorear porque una vez conocí a una pastora, y hacía terriblemente mal su trabajo".

¿Alguna vez has conocido a un pastor que fuera un comunicador pobre desde el púlpito? ¿Supusiste que como no podía hablar muy bien en público, todos los hombres son predicadores mediocres? Por supuesto que no. ¿Alguna vez has conocido a un pastor que tuviera defectos graves? ¿Alguna vez has leído acerca de un ministro que se embolsó dinero de su iglesia, cometió adulterio con su secretaria o abusó de su poder en alguna forma? Por estos errores de los hombres, ¿has dado por sentado que los ministros varones son corruptos y por lo tanto, inelegibles para ser ordenados?

Durante el tiempo en el cual fui editor de la revista *Charisma* tuve que reportar algunos de los escándalos más vergonzosos en la historia reciente de la Iglesia. Un pastor de California se divorció de su esposa, se casó con otra mujer siete días después, y estaba de regreso en el púlpito a la semana siguiente, disfrutando del aplauso de su crédula congregación. Otro prominente evangelista televisivo mintió acerca de un esfuerzo bastante grande para recabar fondos, después tuvo una aventura con su secretaria, la embarazó, se divorció de su mujer, y se casó con la mujer más joven. Otro ministro popular, que solía viajar mucho, tenía una aventura homosexual con el líder de jóvenes de su iglesia, hasta que fue descubierto y el asunto llegó a la prensa local.

Todos estos incidentes desataron escándalos nacionales vergonzosos y provocaron que muchos de los que seguían a estos hombres se desilusionaran del liderazgo de la Iglesia en general. Una tragedia similar ocurrió en la Iglesia Católica Romana cuando los medios de comunicación revelaron un doloroso patrón de sacerdotes involucrados en el abuso sexual a niños. Entre los católicos que estaban en las bancas el nivel de confianza en el clero se hundía en una baja histórica; no solo porque estos niños inocentes habían sido violados por los hombres de la sotana, sino porque también sus obispos varones se hicieron de la vista gorda y se rehusaron a disciplinar a estos sacerdotes rebeldes.

Aun así, con todos estos errores cometidos por los hombres que clamaban representar a Dios, nadie se atreve a decir que fue a causa de su género. Entonces, ¿por qué es que cuando una mujer asume un papel de liderazgo en la iglesia, o incluso en la sociedad o el mundo, somos tan rápidos para echarle la culpa a su feminidad por sus errores? Aquí hay tres razones por las cual lo hacemos:

Prejuicio de género profundamente arraigado

Incluso después de que las mujeres ganaron el derecho al voto en 1920 y lograron derechos económicos en el lugar de trabajo en los años sesenta y setenta, nuestra cultura todavía lucha con prejuicios de género y con estereotipos. Así como el racismo se ha resistido a morir, las actitudes degradantes hacia las mujeres todavía abundan en nuestra cultura y en la Iglesia. Entre los cristianos conservadores evangélicos mucha gente, tanto hombres como mujeres, abrazan el punto de vista que dice que las mujeres son débiles emocionalmente, incapaces de manejar la presión o el estrés, hablan demasiado, son altamente manipuladoras, indecisas, nada inteligentes e impredecibles por sus cambios de estado de ánimo hormonales. Sin embargo, todos esos son estereotipos.

Si bien es verdad que algunas mujeres son manipuladores. Es verdad que algunas mujeres son indecisas, pero estas cualidades no tienen nada que ver con su género. Conozco hombres que son indecisos y que no han sido capaces de correr los riesgos necesarios para comenzar una carrera exitosa, casarse y comenzar una familia. También conozco hombres que son manipuladores, demasiado emocionales, frívolos y que hablan demasiado; cualidades todas que han sido aplicadas a las mujeres por los estereotipos.

En la Iglesia nuestros prejuicios de género han sido canonizados por la literatura evangélica popular. Algunos libros cristianos se han centrado en explicar los *papeles bíblicos*, pero a menudo los conceptos presentados en estos libros no son otra cosa más que estereotipos de género. Se nos dice que los hombres típicos "se guardan sus emociones", como si esta fuera una cualidad sana, mientras que las mujeres "por naturaleza cuidan", como si los hombres también no estuvieran llamados a cuidar. Los hombres son *agresivos*, mientras que las mujeres se supone que deben ser *pasivas*. (Mientras tanto, la Biblia llama a todos los creyentes a que sean llenos del Espíritu Santo y a que se involucren agresivamente en la misión valiente de alcanzar al mundo para Cristo).

Estos libros también dicen que Dios hizo a los hombres para que sean *líderes*, mientras que confeccionó a las mujeres para que fueran *seguidoras*. Wayne Grudem y John Piper, dos reconocidos maestros de seminario, descartan las habilidades de liderazgo de la profetisa Débora, diciendo que Dios nunca tuvo el propósito de que ella asumiera la posición principal. Su teoría es que Débora nunca hubiera sido profetisa si Barac hubiera sido un líder valiente, como se supone que sean los hombres. Como Débora no cabe en las listas de estereotipos del hombre y la mujer de estos autores evangélicos, la cortan de la Biblia completamente.[1]

Escrituras mal aplicadas

Muchos cristianos han enseñado que un versículo de la Biblia, 1 Timoteo 2:12 ("Porque no permito a la mujer enseñar, ni ejercer dominio sobre el hombre"), evita que las mujeres en toda situación y en todo tiempo sirvan como pastoras o ancianas. Examiné este pasaje más detalladamente en el capítulo 18. En honor a la brevedad, déjame decirte aquí que el versículo debe ser leído en contexto con el resto de todo el Nuevo Testamento. Y cuando lo leemos en contexto, debemos enfrentar el hecho de que Pablo animaba a las mujeres a enseñar. Él tenía maestras y líderes en su equipo apostólico de viaje, y menciona varias mujeres que obviamente llevaban el peso de la autoridad en la iglesia, por lo tanto, 1 Timoteo 2:12 no puede ser usado como una prohibición para mujeres maestras o líderes.

Tres mujeres mencionadas en las epístolas de Pablo son recordatorios obvios de que el mismo apóstol que escribió 1 Timoteo 2:12 (con el fin de corregir una situación que involucraba enseñanza falsa peligrosa) de hecho, puso a mujeres a dirigir iglesias. Además de la enseñanza y el liderazgo obvio de Priscila (Hch. 18:24-48) y la diaconisa conocida como Febe (Ro. 16:1-2), Pablo menciona a una mujer llamada Ninfas, quien tenía una iglesia en su casa en Laodicea (Col. 4:15). ¿Ninfas pastoreaba la iglesia? Muy probablemente, pero los evangélicos modernos, quienes no tienen espacio en sus mentalidades religiosas para una pastora, la descartan asumiendo que ella *hospedaba a* la iglesia como una administradora o posiblemente pagando las cuentas y protegiéndola del acoso del gobierno como una *patrona*.

Pablo también mencionó otras dos líderes mujeres en Filipenses 4:2-3:

> Ruego a Evodia y a Síntique, que sean de un mismo sentir en el Señor. Asimismo te ruego también a ti, compañero fiel, que ayudes a éstas que combatieron juntamente conmigo en el evangelio, con Clemente también y los demás colaboradores míos, cuyos nombres están en el libro de la vida.
>
> —Filipenses 4:2-3

No se nos da ninguna clave del tipo de desacuerdo que rompió la relación entre Evodia y Síntique. Todo lo que sabemos es que su falta de unidad era una gran preocupación de Pablo, ya que él, obviamente, las amaba a ambas como hermanas que habían trabajado con él fielmente.

Aunque sus papeles exactos no se especifican, el hecho de que hayan trabajado al lado de Pablo indica que estaban involucradas en la siembra de iglesias y en el ministerio de discipulado. Es posible que pastorearan varias congregaciones o incluso compartieran su supervisión. El hecho de que habían roto relaciones le preocupaba a Pablo, porque el mismo había experimentado rompimientos con obreros en el pasado.

Una cosa es cierta: la respuesta de Pablo a Evodia y Síntique no era echarlas fuera del ministerio solamente porque eran mujeres. Ni pasó un edicto que prohibiera que las mujeres estuvieran en liderazgo solo porque estas dos ministras se habían peleado.

Carencia de modelos femeninos

Una razón por la cual las pastoras y las líderes de la iglesia son juzgadas con tanta velocidad hoy, es porque no hay muchos ejemplos positivos de ministras. Todavía queda un largo camino que recorrer, y apenas la gente se está acostumbrando a la idea de que las mujeres pueden dirigir congregaciones con éxito. Hoy, un grupo de mujeres valientes está abriendo brecha para que sus hermanas las sigan, y es muy probable que enfrenten muchos años más de resistencia antes de que sean aceptadas en la Iglesia. Necesitan a algunos hombres valientes que vayan con ellas y defiendan su causa.

No ayuda mucho el hecho de que en verdad ha habido algunos malos ejemplos de ministras. En la década de los noventa hice el reportaje de una iglesia creciente, en Texas, que estaba siendo pastoreada por una mujer. Ella estaba abriendo brecha para las mujeres en liderazgo, o eso creía yo. Pero, unos pocos años después, supe que su iglesia había disminuido porque tenía un estilo de liderazgo abusivo (el cual ella aprendió, tristemente, de sus tutores hombres). En lugar de dirigir a una congregación en una forma semejante a la de Cristo, con humildad y bondad, adquirió un tono demandante al hablar y un estilo autocrático impositivo; por lo tanto, alejó a las ovejas, en lugar de atraerlas al poder sanador de Cristo.

Los ministros del Evangelio son llamados a ser gentiles, apacibles, hospitalarios y prudentes (1 Ti. 3:2-3). Ese mismo pasaje dice que los líderes de la Iglesia no deben ser dados a la ira. Los estilos de liderazgo que controlan y dominan no tienen lugar dentro de la Iglesia de Dios; ya sean líderes hombres o mujeres. Jesús nos dijo que si en verdad deseamos dirigir, debemos ser siervos. Esta es la postura que se requiere de toda mujer que acepte el llamado de Dios.

De las muchas mujeres que conozco que han sido llamadas al liderazgo, algunas de ellas son lo que yo llamo *arrasadoras*. Tienen dones espirituales obvios para dirigir o predicarle a la gente, pero también tienen una mala actitud. Algunas tienen la actitud que dice: "Déjame que te enseñe". Estas mujeres están allí para probar que pueden hacer el mismo trabajo que un hombre, y en el proceso toman un espíritu arrogante y amargado.

Otras, tienen una actitud que dice: "Es mejor que pongas atención a lo que te estoy diciendo". Creen que porque han sido llamadas por

Dios pueden maltratar a la gente y demandar obediencia. Más que exhortar a los hermanos con un espíritu lleno de gracia, se vuelven duras e insensibles. Con el tiempo desarrollan un estilo de liderazgo dictatorial. Y terminan repeliendo a las mismas personas a quienes han sido llamadas a servir y a animar.

Estas arrasadoras y dictadoras no están ayudando a la causa de las mujeres en el ministerio. Nos harían a todos un favor si se hicieran a un lado y permitieran que mujeres humildes, quebrantadas, tomaran sus lugares en el liderazgo.

Cuando visité un grupo de líderes en la iglesia clandestina de China, en enero de 2001, conocí a algunas de estas mujeres quebrantadas. Conocí al menos a 25 de las líderes prominentes de la iglesia clandestina durante esa visita, y todas habían pasado por lo menos un año o más en la cárcel por sus actividades evangelizadoras ilegales. Algunas han fueron golpeadas con varillas de hierro. A otras les aplicaban continuamente descargas eléctricas con picanas. Otras han sido forzadas a pasar largos inviernos durmiendo en los pisos fríos de concreto, sin suéter, ropa abrigadora o productos de higiene femenina. ¡Aun así, todas estas mujeres estaban emocionadas por llevar el Evangelio a las aldeas de China!

Una noche, después de que había ministrado en una de las reuniones con estas líderes, regresé a la habitación de mi hotel y encontré a dos de estas mujeres afuera de mi puerta, esperando con otra mujer que se había ofrecido para interpretar. La intérprete me dijo que las mujeres querían que orara por ellas porque no recibieron ministración en el altar durante la reunión.

—¿Son ustedes pastoras o evangelistas? –les pregunté.

—Sí –contestaron con una sonrisa.

—¿Cuántas iglesias supervisan?

—Dos mil –dijo la primera mujer.

—Cinco mil –dijo la segunda.

Yo estaba perplejo. Estas mujeres tenían una responsabilidad espiritual sobre más iglesias que la mayoría de los hombres que conozco que están involucrados en levantar iglesias en los Estados Unidos. Aun así, eran mujeres humildes que sencillamente tenían una pasión por servir al Señor y verlo moverse en formas maravillosas. Me sentí descalificado para ministrar a estas héroes de la iglesia clandestina, pero honré su petición.

Después de que oré por ellas esa noche, me di cuenta de que si vinieran a los Estados Unidos, probablemente no les permitiríamos predicar en nuestras congregaciones un domingo por la mañana. Y ciertamente no permitiríamos que comenzaran una nueva iglesia o que pastorearan la congregación que fundaran, ¡aunque posiblemente ellas pudieran enseñar la clase del seminario sobre cómo levantar iglesias!

Supongo que en China el Espíritu Santo se está moviendo tan rápido que nadie tiene tiempo de controlar el proceso o cuestionar por qué Dios está usando a las hermanas. Y como hay muchas mujeres efectivas en el ministerio en China, se ha convertido en algo aceptado por ellos lo que muchos de nosotros todavía consideramos fuera de la tradición.

Ya es tiempo de que nosotros tomemos la misma dirección de la iglesia china, donde más de veinticinco mil personas llegan a la fe en Cristo cada día. Posiblemente, si liberáramos a nuestras hermanas para pastorear y predicar, nos estaríamos moviendo más cerca para ver el mismo nivel de avivamiento y crecimiento de la Iglesia que la Iglesia clandestina de China ha estado viendo durante los últimos veinte años.

Pregunta 23

EL ESTIGMA DEL DIVORCIO

Mi iglesia dice que no puedo servir en ningún tipo de posición en el ministerio porque soy divorciada. Mi matrimonio terminó hace veinte años. ¿Es verdad que debo ser marcada como "inservible" por mi fracaso matrimonial?

A TRAVÉS DE LOS años he conocido a muchos hombres y mujeres que han experimentado un rechazo doloroso por parte de sus amigos cristianos después de que sus matrimonios terminaron. Esto puede ser comprensible si la persona cometió adulterio y no se quiso arrepentir. Pero a menudo, la parte inocente en un divorcio también es marginada o aislada por su propia congregación, como si el estado del divorcio mismo fuera alguna forma de lepra. O, a una persona que ha cometido errores y arruinado su matrimonio años atrás se le hace sentir que debe pagar por su fracaso el resto de su vida. La esperanza de la recuperación es muy a menudo la última cosa que les ofrecemos. Sería mejor que las marcáramos la frente con una "D" escarlata y aseguráramos sus pies en el cepo en el patio de la iglesia. ¡No es de asombrarse que muchas personas divorciadas abandonen la iglesia completamente!

En una ocasión, conocí a una mujer que era una fiel miembro de una iglesia pentecostal en Illinois. Ella había sido un miembro modelo de la congregación, pero la congregación se volvió en su contra cuando su marido la dejó por otra mujer. Aunque el divorcio ocurrió a causa de la infidelidad de su marido, ella cargó con la culpa. Todos pensaron que ella seguramente había causado que el matrimonio terminara, por lo tanto debía sufrir. Un día, su pastor la llamó para informarle que ya no podía participar en ningún ministerio visible en la iglesia. No podía cantar en el coro, tocar el piano, ni recibir a los visitantes. El divorcio la había descalificado.

Tal vez pueda parecer exagerado, pero sucede más a menudo de lo que sabemos en las iglesias conservadoras. Hay muchos cristianos divorciados que sienten que han sido exiliados a una forma de vida en el purgatorio. Y es todavía peor cuando las personas involucradas son ministros.

Por ejemplo, consideremos al pastor que llegó a su casa un día y descubrió que su esposa lo había abandonado y se había llevado todos los muebles de la casa. En su desesperación, llamó a una línea directa cristiana "para orientación a pastores divorciados", porque no le quería decir a su congregación las noticias. Él sabía que podía perder su iglesia, su ingreso, su seguro médico y su reputación, de la noche a la mañana; aunque él no inició el divorcio, ni había sido infiel a su esposa.

Un pastor talentoso y maestro de la Biblia que fue ordenado en una denominación pentecostal, se enteró una lúgubre tarde que su esposa había estado teniendo una aventura con otro hombre. Aunque el pastor estaba destrozado por escuchar la confesión de su esposa, estaba abierto a arreglar las cosas y seguir adelante con el matrimonio. Pero su esposa fue fría e indiferente a sus expresiones de perdón y le anunció que todo había acabado.

Cuando el divorcio estaba por consumarse, el pastor sabía que iba a enfrentar varias decisiones difíciles. Aunque el fracaso de su matrimonio no fue su culpa, la política de su denominación decía que ningún ministro que se divorcie puede permanecer en su puesto si se vuelve a casar. Algunas variantes de esta política son establecidas hoy por muchas denominaciones. El mensaje es claro: si uno se divorcia y se vuelve a casar, ya no es candidato para estar en el ministerio. Ha sido expulsado.

¿Pero es bíblico excluir automáticamente a un ministro o ministra divorciado(a) y nunca permitirle regresar al púlpito; aunque se someta a consejería, rinda cuentas y sea parte de un programa de restauración?

Esta política de pastores que no sean divorciados, que todavía es común en muchas denominaciones, se basa, de una forma inexacta, en los requisitos del apóstol Pablo para los ancianos que se enumeran en 1 Timoteo 3:7, en especial en el versículo 7: "También es necesario que tenga buen testimonio de los de afuera" (lo cual posiblemente se podría aplicar al asunto del divorcio, si el manejo del divorcio fue escandaloso). Pablo dice que es necesario que un líder sea: "Marido de una sola mujer" (v. 2). La misma frase se repite en Tito 1:6, en una lista similar de requisitos para los ancianos. Pablo también pedía que la mujer que fuera parte de la orden de las viudas (una clase de obreras de la iglesia) debía ser: "Esposa de un solo marido" (1 Ti. 5:9). Y pedía que las ancianas, en 1 Timoteo 3:11, fueran *fieles* y *sobrias en todo*, lo cual ciertamente se puede aplicar a su relación matrimonial.

Muchas iglesias interpretan 1 Timoteo 3:7 para querer decir que un hombre que se ha divorciado y vuelto a casar en realidad tiene dos esposas y, por lo tanto, está descalificado para el matrimonio. ¿Pero, es eso lo que el texto está diciendo?

Los eruditos bíblicos no están de acuerdo. Algunos creen que Pablo se está refiriendo a la poligamia. En otras palabras, si un hombre tiene dos o más esposas en casa, no es digno de dirigir la iglesia. La poligamia ciertamente se practicaba en lugares del Oriente Medio en los tiempos del Nuevo Testamento, aunque iba en contra de la ley romana. El teólogo Craig Keener señala que los rabinos en Palestina a veces le permitían a un hombre que tuviera ¡hasta dieciocho esposas![1]

Otros creen que "marido de una sola mujer", requiere que los ancianos estén casados; por lo tanto, excluyen a los solteros o a los viudos. (Una política así, entonces, en realidad requeriría que un hombre divorciado se volviera a casar.) Todavía otros eruditos han sugerido que la frase: "Marido de una sola mujer", puede ser interpretada como: "Hombre de solo una mujer"; sugiriendo que los ancianos deberían simplemente exhibir fidelidad a su esposa actual. Lo mismo se puede aplicar a las mujeres en 1 Timoteo 5:9. La indicación de Pablo aquí podría significar que una viuda no podría calificar para una posición en el ministerio a menos que hubiera mostrado fidelidad a su marido mientras estaba vivo.

Craig Keener, en su excelente libro... *And Marries Another* (...Y se casa con otra), sugiere que Pablo simplemente estaba requiriendo de los líderes, en 1 Timoteo 3:7, fidelidad conyugal e integridad sexual en el estilo de vida que llevaran en ese momento; no un tipo de prueba de que nunca habían cometido un error en una relación pasada. Si esto fuera verdad, entonces un hombre divorciado que se hubiera vuelto a casar y que exhibiera fidelidad en su matrimonio actual (sin la amante o la concubina a un lado) sí podría calificar para una posición ministerial.

Este punto de vista ciertamente sería consistente con el mensaje de redención de la Biblia. Cristo vino a limpiarnos de los pecados del pasado y a darnos vida nueva. Después de todo, ¿por qué perdonaría todos nuestros errores del pasado, excepto los que involucran el divorcio? ¿Qué hay acerca de la blasfemia? Pablo persiguió a los primeros cristianos y apoyó el martirio de Esteban, sin embargo sus acciones no lo excluyeron para servir como apóstol. Pedro traicionó a Jesús al negarlo tres veces, aun así esto no lo descalificó de su posición. De hecho, Pedro predicó tres sermones significativos registrados en el libro de los Hechos. ¡Creo que esos sermones nos muestran que Dios nos puede perdonar y redimirnos de nuestros errores del pasado!

La redención marcó la diferencia para Pedro y para Pablo. Y es el mismo mensaje de redención y sanidad que debemos ofrecer hoy a aquellos cuyas vidas han sido quebradas por el divorcio; especialmente a las personas que han sufrido juicio y maltrato, incluso cuando fueron la parte inocente en el divorcio. Dice Keener:

> Dios, que conoce los corazones de todos nosotros, finalmente va a vindicar o a condenar; pero su iglesia, si yerra, debe errar

por el lado de la misericordia más que del juicio. Pablo abre la posibilidad a la existencia de que la parte inocente de los divorciados se vuelva a casar, y es tiempo de que muchos cristianos, hoy, aprendan a hacer lo mismo.[2]

Si tú estás divorciada, o divorciada y vuelta a casar, y sientes un llamado para cierto nivel de ministerio, necesitas estar consciente de que algunas iglesias y denominaciones tienen políticas estrictas que pueden limitar tu participación:

+ Las Asambleas de Dios, por ejemplo, permiten que una persona divorciada sea ordenada, pero no una persona que se ha divorciado y vuelto a casar (a menos que el matrimonio nuevo haya ocurrido antes de la salvación).

+ Las iglesias Bautista del Sur son autónomas, por lo tanto cada iglesia toma sus propias decisiones acerca de los candidatos al pastorado. Pero, como regla general, la Convención Bautista del Sur (SBC, por sus siglas en inglés) no ve con buenos ojos que se ordene a personas divorciadas y vueltas a casar, a causa de la regla que aparece en 1 Timoteo 3:7. También, la junta de misiones al extranjero de esta convención no designa personas divorciadas como misioneros. (La SBC tampoco ordena mujeres para ser pastoras).

+ La Iglesia de Dios (Cleveland, Tennessee) puede darle licencia a un ministro divorciado si él o ella puede probar que su matrimonio terminó a causa de la infidelidad de su cónyuge anterior.

+ La Iglesia Internacional del Evangelio Cuadrangular (cuya fundadora, Aimee Semple MacPherson, se divorció dos veces) ordena a personas divorciadas, pero asigna un consejo de ética para considerar cada caso individual.

+ Muchas redes de iglesias carismáticas independientes no tienen una prohibición general contra los ministros divorciados. Entre tanto, no se ha aprobado ninguna política que restrinja a los ministros divorciados en la Iglesia Metodista o la Iglesia Presbiteriana (EUA).[3] (Y los tradicionalistas concluyen que la política tolerante hacia el divorcio en estos grupos principales ha propiciado una desviación teológica).

Si tú sientes que has sido llamada a ser ordenada o a buscar cierto nivel en el estatus del ministerio, no es muy probable que puedas cambiar una política ya fija. Sería mejor que te cambiaras de denominación y buscaras las puertas que ya están abiertas para ti.

Probablemente, vas a enfrentar rechazo y crítica de parte de personas religiosas bien intencionadas. Esa es la razón por la cual tu prioridad debe ser apropiarte de toda la sanidad que Dios te ofrece. Hay esperanza para la recuperación total después del divorcio. Tú puedes ser liberada de todo el rechazo y dolor que produce. No tienes que vivir con una nube oscura sobre tu cabeza o con una letra "D" escarlata alrededor de tu cuello. Descubre su sanidad, y considera unirte a un grupo de recuperación del divorcio en una iglesia sana, para que puedas rodearte del apoyo de amigos que entiendan tu dilema único.

Un ministerio genuino y compasivo va a fluir de ti cuando hayas dejado atrás todas las heridas y los fracasos del pasado. Y como tú entiendes el dolor del divorcio y has sufrido su estigma, Dios te va a usar para ofrecer misericordia, restauración y gracia a las personas divorciadas que han sido juzgadas erróneamente como inadecuadas para el Reino.

Una palabra de advertencia sobre el matrimonio

Muchas mujeres cristianas de hoy se sienten presionadas a apurarse y encontrar un marido con el fin de estar "completas" espiritualmente. Pero en algunos casos, las mujeres terminan tomando decisiones horribles y acaban viviendo en infernales matrimonios, ya sea porque no esperaron en Dios, o porque fueron atraídas a una malas relaciones por hombres muy persuasivos. ¡No caigas en esta trampa! Mi esposa y yo criamos cuatro hijas, y tres de ellas ya se han casado. Amamos a nuestros yernos, y es obvio que Dios escogió a cada uno de ellos para que encajen con los temperamentos y personalidad de nuestras hijas. Siempre he creído que Dios está en el negocio de casamenteros. Si Él lo pudo hacer por mis hijas, ¡lo puede hacer por ti!

Hoy tengo varias amigas solteras a quienes les gustaría mucho encontrar al hombre adecuado. Algunas me dicen que en su iglesia hay poco donde escoger, por lo que se han aventurado en el mundo de citas en línea. Otras están desesperadas y se preguntan si quedan hombres cristianos decentes en cualquier lugar. Han empezado a preguntarse si deben bajar sus estándares con el fin de encontrar a un compañero. Mi consejo prevalece: No te conforme con menos de lo mejor de Dios. Hoy demasiadas mujeres cristianas han terminado con un Ismael, porque la impaciencia les empuja en un matrimonio infeliz. Por favor, toma mi consejo paternal: ¡Estás mucho mejor sola que con el hombre equivocado!

Hablando de "tipos equivocados", aquí están los principales 10 hombres que debes evitar en la búsqueda de un marido:

1. El incrédulo

Por favor, escribe 2 Corintios 6:14 en una nota con pegatina y ponla en la computadora de tu trabajo. Dice: "No os unáis en yugo desigual con los incrédulos; porque ¿qué compañerismo tiene la justicia con la injusticia? ¿Y qué comunión la luz con las tinieblas?". Esta no es una regla religiosa anticuada. Es la Palabra de Dios para ti hoy. No permitas que el encanto de un hombre, su apariencia o su éxito financiero (o su disposición para ir contigo a la iglesia) te empujen a comprometer lo que sabes que es correcto. Las "citas misioneras" nunca son una buena estrategia. Si el tipo no es un cristiano nacido de nuevo, táchalo de lista. Él no es el adecuado para ti. Todavía no he conocido ninguna mujer cristiana que no se arrepienta de haberse casado con un incrédulo.

2. El mentiroso

Si descubres que el hombre con quien estás saliendo ha mentido sobre su pasado o que está siempre cubriendo sus huellas para ocultarte sus secretos, huye por la salida más cercana. El matrimonio debe construirse sobre una base de confianza. Si él no puede decir la verdad, romper ahora antes de que te embauque con un engaño mayor.

3. El "playboy"

Me gustaría poder decir que si te encuentras con un buen tipo en la iglesia, se puede asumir que está viviendo en la pureza sexual. Pero no es el caso hoy. He escuchado historias de horror acerca de los solteros que forman parte del equipo de adoración del domingo, pero actúan como Casanova durante la semana. Si te casas con un hombre que se acostaba con mujeres por ahí antes de su boda, puedes estar seguro de que lo seguirá haciendo después de la boda.

4. El incumplidor

Hay muchos hombres cristianos sólidos que experimentaron hace años fracaso matrimonial. Desde de su divorcio, han experimentado la restauración del Espíritu Santo, y ahora quieren volver a casarse. Las segundas nupcias pueden ser felices. Pero si descubres que el hombre con quien estás saliendo no ha estado cuidando de sus hijos de un matrimonio anterior, acabas de descubrir un defecto muy grande. Cualquier hombre que no va a pague por sus errores del pasado o apoye a los niños de un matrimonio anterior, no te tratará de forma responsable.

5. El adicto

Los hombres que van a la iglesia y tienen adicciones al alcohol o las drogas han aprendido a ocultar sus problemas, pero tú no debes esperar hasta la luna de miel para descubrir que él es un borracho. Nunca te cases con un hombre que se niega a buscar ayuda para su adicción. Insiste en que él busque ayuda profesional y déjalo. Y no te metas en una relación codependiente en la que él afirma que te necesita para permanecer sobrio. Tú no lo puedes arreglar.

6. El vago

Tengo una amiga que se dio cuenta después de que se casó con su novio que él no tenía planes para encontrar un trabajo estable. Él había ideado una gran estrategia: se quedaba en casa todo el día a jugar juegos de video mientras su mujer profesional trabajaba y pagaba todas las cuentas. El apóstol Pablo dijo a los tesalonicenses: "Si alguno no quiere trabajar, tampoco coma" (2 Tes. 3:10). La misma regla se aplica aquí: Si un hombre no está dispuesto a trabajar, no se merece casarse contigo.

7. El narcisista

Espero sinceramente que puedas encontrar a un tipo guapo. Pero ten cuidado: si tu novio pasa seis horas al día en el gimnasio y a menudo pone fotos de sus bíceps en Facebook, tienes un problema. No te enamores de tipo egocéntrico. Puede ser lindo, pero un hombre que se enamora de su apariencia y de sus propias necesidades nunca será capaz de amarte con sacrificio como Cristo ama a la iglesia (Ef. 5:25). El hombre que siempre está mirándose en el espejo nunca se fijará en ti.

8. El abusador

Los hombres con tendencias abusivas no pueden controlar su ira cuando esta se desborda. Si el tipo con el que estás saliendo tiene tendencia a perder los estribos, ya sea contigo o con otros, no te veas tentada a racionalizar su comportamiento. Él tiene un problema, y si te casas con él, tendrás que navegar su campo minado todos los días para evitar el desencadenamiento de otra explosión.

Los hombres enojados dañan a las mujeres, verbalmente y a veces físicamente. Busca un hombre que sea gentil.

9. El hombre-niño

Llámame anticuado, pero desconfío de un chico que todavía vive con sus padres a la edad de 35. Si su madre todavía le cocina, le limpia y plancha a esa edad, puedes estar segura de que está atrapado en un túnel de tiempo emocional. Estás buscando problemas si piensas que puedes ser la esposa de un hombre que no ha crecido. Aléjate, y como amiga, anímale a encontrar un mentor que pueda ayudarle a madurar.

10. El controlador

Algunos chicos cristianos hoy creen que el matrimonio es cuestión de superioridad masculina. Pueden citar versículos bíblicos y sonar súper espirituales, pero detrás de la fachada de la autoridad marital hay una profunda inseguridad y orgullo que puede transformarse en abuso espiritual. Primera de Pedro 3:7 manda a los maridos a tratar a sus esposas como iguales. Si el hombre con quien estás saliendo te menosprecia, hace comentarios despectivos sobre las mujeres, o parece echar abajo tus dones espirituales, retrocede ahora. Tiene ansias de poder. Las mujeres que se casan con controladores religiosos a menudo terminan en una pesadilla de depresión.

No vendas tu primogenitura espiritual al casarte con un hombre que no te merece. La decisión más inteligente que puedes tomar en la vida es esperar por un hombre que lo dé todo por Jesús. Y recuerda: ¡Es mucho mejor estar sola y feliz que casada y miserable!

DECISIONES DIFÍCILES

¿Qué pasa si una mujer se siente llamada al ministerio pero su iglesia o denominación no permite que las mujeres sirvan o enseñen en ciertos puestos? ¿Qué debe hacer?

SIEMPRE ES DIFÍCIL cuando somos empujados a una situación en la cual los líderes de la iglesia nos piden que hagamos una cosa, a pesar de que nos sentimos llamados por Dios para hacer lo opuesto. ¿Obedecemos a las autoridades de la iglesia sin importar si lo que piden se contrapone con principios bíblicos? ¿O alguna vez es correcto desobedecer sus indicaciones?

Definitivamente hay un momento y un lugar para desafiar órdenes. Cuando los principales sacerdotes y los líderes rabínicos de Jerusalén les ordenaron a Pedro y a los apóstoles que dejaran de predicar, Pedro les dijo: "No podemos dejar de decir lo que hemos visto y oído". Los sacerdotes, quienes estaban cegados por sus propias tradiciones religiosas, interpretaron la conducta de los discípulos como una insubordinación flagrante a Dios. Los primeros apóstoles tuvieron que acostumbrarse a que los llamaran rebeldes. Posiblemente a ti también se te pida que lleves esta etiqueta si tienes la intención de obedecer un llamado al ministerio.

Y recordemos a las parteras hebreas, Sifra y Fúa. El faraón egipcio les había dicho que mataran a todo niño varón que les naciera a los esclavos hebreos, pero estas mujeres sagaces y sabias se las ingeniaron para evitar la ley. Las Escrituras nos dicen que ellas: "Temieron a Dios, y no hicieron como les mandó el rey de Egipto" (Éx. 1:17). Cuando él las confrontó después de haberse dado cuenta de que todavía estaban naciendo niños en Gosén, Sifra y Fúa inventaron una excusa elaborada; dijeron que las mujeres esclavas daban a luz demasiado pronto. Al parecer el faraón creyó su coartada y no las castigó.

Esto es lo que yo llamo *sutileza santa*. Algunas veces Dios nos permite ser sagaces. Los teólogos pueden decir que es malo que las personas mientan por razones piadosas; pero es obvio, por el relato del Éxodo, que Dios bendijo la perspicacia de estas parteras. Si Sifra y Fúa no hubieran desobedecido el edicto del faraón innumerables niños hebreos hubieran sido asesinados por las dagas egipcias.

Muchas otras mujeres que aparecen en la Escritura tuvieron que utilizar esta astucia. Rahab, la ramera, desafió el edicto dado por sus gobernantes en Jericó. Como ella escondió a los espías hebreos en su techo y mintió para protegerlos, su vida fue preservada. Finalmente, se unió a los israelitas y abrazó su fe en el Dios verdadero. Y Dios le dio el honor máximo de estar en la lista del linaje de Cristo (Mt. 1:5).

La joven Ester le puso una trampa a Amán para hacerlo venir al banquete y así ella pudiera exponer su plan asesino delante del rey Artajerjes. También desafió las costumbres y las leyes del palacio al aproximarse al trono sin haber sido convocada, sabiendo que el rey podría haber ordenado su ejecución instantánea o su reclusión. Su preocupación divina por el pueblo de Dios la empujó a romper las reglas.

¿Estás dispuesta a desafiar a las autoridades cuando sabes que tienes la verdad de tu lado? Corrie ten Boom, la famosa sobreviviente holandesa del Holocausto, llevó a cabo un plan engañoso para esconder judíos en la casa de su padre durante la ocupación nazi en Holanda. Ella y su familia construyeron su famoso *refugio secreto* para judíos en una habitación en el segundo piso de la casa, escondiendo los materiales de construcción dentro de relojes de pared y botellas de leche.

El pastor de Corrie no estaba de acuerdo con la estrategia, sugiriendo que no debía desobedecer al gobierno. Al final, Corrie sobrevivió el infierno de un campo de concentración alemán, y su historia de fe y perdón han llevado a miles de personas a Cristo. Si Corrie hubiera aceptado el consejo de su pastor, innumerables judíos no se hubieran salvado, su testimonio nunca hubiera tocado al mundo, y muy probablemente se hubiera sentido perseguida por su propia conciencia.

Justo antes de que comenzara la guerra contra el terrorismo en 2001, dos misioneras desconocidas de los Estados Unidos: Heather Mercer y Dayna Curry, desobedecieron las estrictas leyes de Afganistán al mostrar un video de evangelismo, en su computadora portátil, a una familia musulmana en Kabul. Fueron arrestadas junto con otros seis colegas de su base misionera. Después de los ataques terroristas del 11 de septiembre, estas dos mujeres y sus compañeros de equipo estaban en una cruda prisión talibana mientras las tropas estadounidenses y sus aliados invadían Afganistán. Sorprendentemente, vivieron para contar su pesadilla, después de tres y medio meses de condiciones insalubres mientras las bombas explotaban a su alrededor.

Cuando la revista *Charisma* le preguntó a Heather Mercer si lo haría de nuevo, ella no dudó en contestar que sí. "La prisión fue el privilegio más grande de mi vida, la bendición de Dios hacia mí", dijo. "Tuvimos el privilegio de ser parte del cambio que Dios está haciendo en la historia de Afganistán. No lo cambiaría por nada en el mundo".[1]

¿Qué hubiera sucedido si Heather y Dayna no hubieran desafiado la ley afgana? Quizá nunca lo sepamos. Lo que sí sabemos es que algunos cristianos han teorizado que muchos más cristianos alrededor del mundo centraron sus oraciones en Afganistán, a finales de 2002, a causa de la petición de orar por estos misioneros que estaban en prisión. Es posible que la presencia de Heather Mercer, Dayna Curry y otros miembros de la misión Shelter Now que estaban en una prisión afgana cambiaron la historia y abrieron a toda una nación al Evangelio.

Personalmente estoy agradecido por las mujeres que no siempre obedecen las reglas. Cuando yo estaba en el último año de la escuela media-superior asistía a una Iglesia Bautista del Sur en la ciudad de Atlanta. A mi maestra de escuela dominical, una mujer de edad madura llamada June, le había sido prohibido por su pastor que hablara de su experiencia con el Espíritu Santo. El pastor sentía que esta mujer era "demasiado radical" en su fe, pues ella tenía una vida de oración dinámica, escuchaba a Dios hablarle y algunas veces incluso habló en lenguas. A causa de que nuestras tradiciones denominacionales no respaldaban los fenómenos pentecostales, el pastor le pidió a June que nunca hablara de ellos en la clase de la escuela dominical.

June fue obediente parcialmente, por lo menos en el sentido de que no hablaba de los temas "prohibidos" durante la clase como tal. Pero cuando le pregunté acerca de su relación con el Espíritu Santo, ella reconoció que yo tenía un hambre genuina por saber más. Así que nos invitó a un amigo y a mí a su casa para en la tarde platicar.

Después de que la escuché compartir de las Escrituras acerca de estas doctrinas de contrabando, yo quería experimentar la llenura del Espíritu Santo todavía más. En pocas semanas también me etiquetaron como "rebelde". Mi vida fue transformada radicalmente después de mi propio encuentro con el Espíritu Santo, y tengo que agradecérselo a una mujer llamada June. Hasta el día de hoy le doy gracias a Dios regularmente porque ella no haya obedecido las órdenes del pastor.

Indicaciones a considerar

No conozco tu situación específica. Posiblemente tu pastor te dijo que nunca se te va a permitir enseñar desde el púlpito de tu iglesia. Posiblemente se te haya dicho que las mujeres nunca deben servir como ancianas o diaconisas en tu congregación. Es probable que hayas expresado tu interés por entrar a algún seminario o entrar al pastorado, y tu denominación ha tratado de alejarte de este plan porque "las mujeres no pueden ser pastoras". No hay respuestas rápidas que puedan resolver tales dilemas, pero estas indicaciones te pueden servir.

1. No te amargues ni te vuelvas demasiado críticas.

Nunca lo tomes personalmente cuando un líder en la iglesia trate de restringir tu ministerio o tu llamado. Si él está siendo motivado por un prejuicio de género o por una posición doctrinal limitada, entonces debes tener compasión de él. Ora por él regularmente, y pídele a Dios que lo bendiga. Vigila tu corazón cuidadosamente para que no pueda surgir una raíz de amargura. Si Satanás te puede tentar a que albergues rencor, entonces puede descarrilar tu ministerio.

He conocido muchas mujeres que se sintieron llamadas al ministerio, pero como permitieron que una ofensa creciera en su corazón se volvieron cínicas y se endurecieron. Comenzaron a ver todo en la vida a través de los lentes de su herida. Incluso su apariencia se volvió dura, iracunda e insensible. Dios no puede usar a una persona que está amargada, así que ¡ni siquiera te metas en eso! Tú debes reflejar el amor de Cristo como respuesta ante la injusticia o al prejuicio.

2. Pídele dirección al Espíritu Santo.

Tú tienes varias preguntas legítimas que necesitan ser respondidas: ¿Debes dejar tu iglesia, ya que tiene reglas que restringen a las mujeres? ¿O estará Dios posiblemente llamándote a quedarte ahí para que puedas modificar la situación desde adentro? ¿Querrá Dios que te involucres en algún tipo de *astucia santa*? Incluso, tal vez quiera que te quedes para poder confrontar a los líderes, en una manera amorosa, con la Escritura.

Nunca vas a estar segura de lo que debes hacer hasta que te rindas completamente a Dios. Dile a Dios que lo vas a obedecer, sin importar el costo. Dile que harás lo que Él quiera: quedarte, o irte. Luego vigila y espera las señales. Dios lo aclarará al hablarte; ya sea a través de las circunstancias, a través de la Escritura, a través del consejo de otros o al escuchar su voz durante la oración.

3. No le des demasiada importancia a la aprobación de los líderes de la iglesia.

Las personas que aspiran a entrar al ministerio deben tener un espíritu humilde, y nunca debemos tratar a los líderes de una manera irrespetuosa. Pero al mismo tiempo no podemos elevar a los líderes más arriba que Dios mismo. Conozco algunas mujeres que están atrofiando sus dones y llamados porque no quieren crear problemas. No quieren que sus pastores u otras personas respetables en la iglesia piensen de ellas como que *están fuera de orden* o que *son problemáticas*. Pero, ¿adivina qué? Si eres una mujer llamada al ministerio, vas a causar problemas. Vas a hacer enojar a la gente religiosa todos los días. Acostúmbrate. No puedes preocuparte demasiado acerca de lo que la gente piensa. La Biblia dice que el temor del hombre pondrá lazo (Pr. 29:25). Vas a encontrarte atrapada e inmovilizada si les das demasiado valor a las opiniones de otras personas acerca de ti. Y ninguna mujer atrapada en este lazo puede hacer nada digno para Dios.

La hija de Billy Graham, Anne Graham Lotz, apareció en el programa de televisión de Larry King en vivo, en 2001, para hablar de su padre y de su propio ministerio. Cuando King le preguntó si estaba preocupada por enojar a los líderes bautistas del sur (quienes no respaldan a la mujer en posiciones principales de liderazgo), Lotz refutó: "Larry, no creo que tengo que rendirles cuentas".

Anne entiende la importancia del principio de la máxima sujeción. Tú también debes entender que primero y más importante que nada eres responsable delante de Dios por los dones espirituales que Él te ha confiado. Si tú los entierras solo porque un pastor te dijo que estuvieras en silencio, ¿va a aceptar eso Dios como una excusa válida?

4. Si te vas de la iglesia, mantén una actitud amorosa y positiva hacia los que te rechazaron.

He conocido a muchas mujeres que finalmente tuvieron que dejar su denominación porque sus ministerios no fueron reconocidos. A una mujer se le dijo que no podía ser pastora en la Iglesia de Dios en Cristo, la denominación pentecostal negra más grande en los Estados Unidos. Así que se unió a una denominación en la que sí ordenan a las mujeres, y hoy tiene una iglesia de dos mil miembros, en Virginia, que está transformando los barrios marginales de la ciudad y alcanzando a los drogadictos, madres solteras y jóvenes desamparados.

También conozco a otra mujer de esta denominación que utilizó un poco de astucia santa para encontrar un lugar en el ministerio. Le pidió a su padre, quien era un obispo en la denominación, que la ordenara; aunque esto iba en contra de las reglas. El padre desafió a la junta de obispos y ordenó a su hija porque creía que él tenía la razón. Finalmente la iglesia de su hija se volvió muy exitosa, aunque los ancianos de su denominación ya no le daban la bienvenida en su grey. Y ella nunca habló una palabra negativa en contra de los hombres que la rechazaron.

Si te vas, la bendición de Dios irá contigo mientras sigas confiando en Él. Pero no maldigas a la gente que se te opuso. No hables mal de aquellos que no reconocieron tus dones. Por lo menos te dieron un fundamento sobre el cual edificar. Mantén las líneas de comunicación abiertas con aquellos que te rechazaron. Un día posiblemente deseen reconciliarse contigo.

5. Asegúrate de rodearte de consejeros y tutores piadosos.

No te permitas tener un espíritu independiente. Esto puede ser una tentación seria, especialmente si la gente en quien has confiado en el ministerio termina traicionándote. Pero si no te mantienes humilde, te estás preparando para una caída difícil más adelante. El orgullo siempre te va a dirigir por el camino equivocado.

Hoy hay muchos lugares para que las ministras que han sido desalojadas encuentren apoyo sano. Posiblemente tengas que ir fuera de tu tradición denominacional para encontrarlo, pero eso te va a proveer una oportunidad de crecer y conocer gente de otras corrientes del Cuerpo de Cristo. Permíteles que hablen a tu vida. Yo recomiendo que todas las mujeres que se sientan llamadas al ministerio se unan a Christians for Biblical Equality (Cristianos por la Igualdad Bíblica), una organización evangélica cuyo propósito es promover la reforma en la Iglesia y la aceptación de la mujer en el ministerio. Apoyadas por eruditos bíblicos y notables líderes cristianos (tanto hombres como mujeres), la CBE (por sus siglas en inglés) provee congresos, una librería virtual, una revista mensual llamada *Priscilla Papers* (Los informes de Priscila) y más material para personas que comparten esta pasión por respaldar a las mujeres en el servicio. (Escribe a: CBE, 122 West Franklin Ave., Suite 218, Minneapolis, MN 55404, o vea en la internet a www.cbeinternational.org).

Nunca pienses que estás sola en tu lucha. Hay muchos hombres y mujeres en la iglesia que hoy entienden tu dilema y quieren estar a tu lado para ayudarte. Tú necesitas su ánimo, así como su instrucción y corrección amorosa.

Pregunta 25

NO TE CANSES DE LA IGLESIA

Dejé de ir a la iglesia porque los líderes están bastante prejuiciados contra las mujeres. No nos dejan servir en ninguna responsabilidad, así que, ¿para qué me esfuerzo? ¿Hay alguna esperanza de que la Iglesia cambie sus puntos de vista?

DURANTE SIGLOS LA mujer ha tenido que soportar todo tipo de prejuicios y de injusticia en la Iglesia. La verdad es que las mujeres de las generaciones anteriores enfrentaron obstáculos más difíciles; sin embargo, la oscuridad de sus circunstancias solo parecía darles más energía y coraje para seguir adelante. Desafiaron el sistema, y perseveraron; a menudo pagando un enorme precio. Algunas incluso dieron su vida.

Ella mantuvieron su fe, así que, ¿tú por qué no?, sobre todo cuando la situación presente es mucho más fácil que lo que ellas enfrentaron. Tú necesitas tomar inspiración de la vida de aquellos que nos han precedido. La historia de la Iglesia está llena de mujeres valientes que se sostuvieron de la esperanza, aun cuando enfrentaban desafíos del tamaño de un elefante.

Una de las misioneras más valerosas que haya sido enviada por los Estados Unidos fue Amanda Smith (1837-1915), una mujer afroamericana que nació siendo esclava en Maryland. Las probabilidades se apilaron en su contra en todas las formas posibles: No tenía derechos civiles por su raza, además de ser mujer; sin embargo, sintió un fuerte llamado para predicar el Evangelio, aunque las denominaciones negras de su época no estaban abiertas a las ministras. Su vida casi fue arruinada por la pobreza, la injusticia social y dos matrimonios difíciles. Cuatro de sus cinco hijos murieron en la infancia. El desgaste emocional de tal pérdida probablemente nos hubiera impedido a la mayoría de nosotros ir tras cualquier tipo de sueño.

Cuando Amanda se aventuró a la obra evangelizadora a tiempo completo, en 1870, tenía que complementar sus ingresos lavando y planchando ropa. Sin embargo, siguió creyendo que Dios la había llamado, y su unción distintiva en el púlpito le abrió las puertas en iglesias y reuniones de avivamiento. Líderes cristianos notables de su época reconocían que tenía un don excepcional para predicar. Con el tiempo, las oportunidades se abrieron para que ella pudiera llevar su mensaje de santidad a Inglaterra, y esto la llevó a viajes misioneros a India y Liberia, donde trabajó durante ocho años antes de que una enfermedad la forzara regresar a los Estados Unidos. Después de llegar a casa abrió el primer orfanato para niñas negras abandonadas en el estado de Illinois.[1]

La gente que se oponía al concepto de ordenar mujeres criticó a Amanda, aunque ella nunca buscó ser ordenada. (Escribió en su autobiografía que de hecho, el ser ordenada, nunca pasó por su mente, porque ella creía que Dios la había ordenado cuando Él la llamó a predicar.[2])

Amanda enfrentó constante oposición, tanto de los negros como de los blancos quienes se referían a ella de una manera peyorativa como *la mujer predicadora*. Cuando ella estaba hablando en Inglaterra, un grupo de líderes de los hermanos de Plymouth la seguía por todos lados con el propósito de desacreditarla. Ella dijo de ese incidente: "La obra parecía ser bendecida por Dios, pero los buenos hermanos de Plymouth no lo podían ver, porque yo era mujer; no porque yo era una mujer negra, sino porque era mujer (...) Trataron, con perseverancia, de que discutiera con ellos; pero siempre evité cualquier situación de ese tipo".[3]

Los hermanos incluso lanzaron un ataque contra Amanda en los periódicos, y la bombardearon con cartas que contenían "textos de la Escritura en contra de que las mujeres prediquen".[4] Pero esos textos, tan a menudo mal empleados para apagar los dones espirituales de la mujer, no la detuvieron de aventurarse a Asia y África.

Dios parecía pavimentar el camino delante de ella, confirmando sus mensajes y supliendo sus necesidades financieras.

Otra ministra valiente, quien venció altas probabilidades en su contra fue Mary McLeod Bethune (1875-1955), hija de unos esclavos de Carolina del Sur. Aprendió a leer en una escuela misionera, y con el tiempo obtuvo una beca para estudiar en el Instituto Bíblico Moody, en Chicago. Mientras era estudiante allí, desarrolló un fuerte sentir de ser llamada al campo misionero, pero cuando solicitó una posición en África se le dijo por medio de una carta de rechazo: "No hay vacantes en África para misioneros negros".[5]

Así que imagínate el sentimiento de injusticia que seguramente experimentó; que le dijeran los hombres blancos ¡qué no estaba calificada para ser misionera para ir con los de su propia raza! Mary nunca salió del país, pero fundó una escuela de misiones en Daytona Beach, Florida, y algunos de sus graduados sí fueron a África como ministros. Mientras tanto, comenzó a ser conocida como una campeona contra la opresión, especialmente después de que confrontó a miembros del Ku Klux Klan local que habían planeado un ataque con el fin de evitar que los negros votaran. Su valentía le trajo tanta fama que Eleanor Roosevelt la asignó para dirigir una agencia federal.

Si lees la historia de las misiones, no puedes ignorar las loables contribuciones que hicieron mujeres que se atrevieron a desafiar el *statu quo*. Enfrentaron enorme oposición; sin embargo, siguieron adelante, sembrando e ignorando a sus críticos. La misionera estadounidense Malla Moe (1863-1954), por ejemplo, sirvió en Sudáfrica durante sesenta y un años, trabajando para Scandinavian Alliance Mission. En el campo misionero ella predicó, discipuló a los nuevos creyentes y plantó iglesias; sin embargo, cuando visitaba Noruega para reportar de su trabajo, no se le permitía hablar. Los oficiales de la iglesia "le recordaban que leyera las instrucciones de Pablo que: hablad de que las mujer debe permanecer en silencio en la iglesia".[6]

¿Te puedes imaginar la humillación? Malla había establecido

numerosas congregaciones, dirigía reuniones de adoración y trajo a cientos de hombres y mujeres a la fe en Cristo en otro continente, pero cuando pisaba el suelo de su iglesia madre se esperaba de ella que pusiera sus dones espirituales en un librero. Esta doble moral todavía es común hoy en día. Tan irracional como suena, muchas iglesias les permiten a las mujeres participar a toda su capacidad en el ministerio en otras tierras, pero se espera que vivan con otro juego de reglas religiosas cuando regresen de licencia.

Esto es fariseísmo en la manera más terrible. Pero cualquier mujer que quiera ser usada por Dios debe preparase para enfrentarse a los fariseos continuamente. Jesús prometió que seríamos perseguidos; y a menudo la peor persecución viene de la gente religiosa.

Lo que es sorprendente acerca de Amanda Smith, Mary McLeod Bethune y Malla Moe es que no se rindieron cuando fueron confrontadas con prejuicio e injusticia. El Espíritu Santo les dio la gracia de perdonar y seguir hacia delante. Las mujeres en la Iglesia de hoy necesitan un fresco bautismo de esta tenacidad.

Por favor no te rindas. Abandonar la Iglesia no es una opción para nadie. Posiblemente te sientas desanimada, pero no puedes tirar la toalla y dejar de creer. Eso es lo que al diablo le encantaría que hicieras. Sin importar cuántos obstáculos enfrentes o lo oscuras que las circunstancias parezcan, la fe va a hacer camino para una victoria si tú perseveras.

El plan máximo de Dios es esparcir el Evangelio de Jesucristo a través de su Iglesia, y Él no tiene un *Plan B*, por si la Iglesia no cumple con su misión. Dios va a hacer cumplir su voluntad, y se va a asegurar de que su Iglesia prevalezca antes del regreso de Cristo. Tú puedes tener esperanza, porque hay algunas promesas muy especiales en la Palabra de Dios acerca del papel de la mujer y de cómo será usada en los últimos días de la era de la Iglesia. Déjame recordarte estas promesas.

La promesa de las profetisas

Mucho antes de que las mujeres adquirieran algún grado significativo de aceptación social o derechos civiles, el profeta Joel predijo un día en el cual, tanto hombres como mujeres hablarían de parte de Dios y llevarían su unción. Esta promesa, registrada en el libro de Joel, fue repetida por el apóstol Pedro en su sermón evangelizador inaugural el día de Pentecostés. Esa promesa dice:

> Y después de esto derramaré Mi Espíritu sobre toda carne, y profetizarán vuestros hijos y *vuestras hijas;* vuestros ancianos soñarán sueños, y vuestros jóvenes verán visiones. Y también sobre los siervos y sobre *las siervas* derramaré Mi Espíritu en aquellos días.
>
> —JOEL 2:28-29 (ÉNFASIS AÑADIDO)

Este era un concepto revolucionario en los días de Joel. Predecía un tiempo en el cual el Espíritu de Dios no sería restringido a unos pocos. Señalaba la época de la Iglesia, cuando la Palabra del Señor sería accesible para ricos y pobres, jóvenes y viejos, hombres y mujeres, judíos y gentiles. Y menciona específicamente (dos veces) que las mujeres estarían entre aquellos que profetizaran. Señala un día cuando las mujeres, en números masivos, cruzarán el globo anunciando las Buenas Nuevas.

Esta promesa se empezó a cumplir en el primer siglo, cuando mujeres incluyendo a Febe, Priscila, Junias y Ninfas (todas mencionadas en las epístolas de Pablo) llevaron el Evangelio al imperio romano. Se cumplió en una manera todavía mayor en el segundo y tercer siglo, cuando mujeres como Blandina y Perpetua fueron martirizadas por las autoridades romanas por predicar el mensaje de que Cristo, y no César, era el Señor de todo. Y Joel 2:28 se cumplió en una medida todavía mayor en el siglo diecinueve, cuando un ejército de mujeres europeas respondieron a la Gran Comisión para llevar el Evangelio a Asia y África.

¿Qué hay del siglo veintiuno? Creo que la promesa del profeta tendrá su cumplimiento más significativo en nuestra generación cuando mujeres de toda región del mundo estén mejor equipadas y sean lanzadas a profetizar.

La promesa de "una grande multitud" de ministras

Salmos 68:11 es un versículo curioso que dice:

"El Señor daba palabra; Había grande multitud de las que llevaban buenas nuevas".

Una vez más, tenemos una promesa del Antiguo Testamento de que un día una gran multitud de mujeres estará involucrada en la proclamación de la verdad de Dios. Cuando se escribió este salmo, las mujeres eran compradas y vendidas como propiedades y tratadas como animales.

Sin embargo, David, por la inspiración del Espíritu Santo, vio un glorioso día por delante, cuando los hombres y las mujeres juntamente fueran liberados a la libertad gloriosa de los hijos de Dios, para que pudieran heredar sus bendiciones de pacto y llevar su Evangelio alrededor del mundo.

Nota que este versículo dice que Dios da la Palabra. Esta multitud de ministras que emergerá en los últimos tiempos no serán enviadas por hombres o comisionadas por su propio poder o habilidad. No van a salir para cumplir con su propia agenda, ni su ordenación será el resultado de un movimiento social o político. Es una obra de Dios. Él abrirá las puertas para ellas, y las enviará con su poder. Y ningún hombre o tradición religiosa podrá ser capaz de detenerlas.

La promesa de la victoria de la simiente de la mujer

En el relato de la caída del hombre en pecado se nos dice que Dios maldijo a la serpiente y luego le advirtió su destino final, el cual estaba curiosamente enlazado con la mujer a quien el diablo había engañado.

Y pondré enemistad entre ti y la mujer, y entre tu simiente y la simiente suya; ésta te herirá en la cabeza, y tú le herirás en el calcañar.

—GÉNESIS 3:15

Esta, la primera profecía de la Biblia, representa la promesa gloriosa de que un día vendría un Mesías a la tierra, nacido de una virgen, y despojaría al diablo de todo su poder. Y como Dios planeaba usar a una frágil adolescente (María) para traer al Libertador prometido, la Biblia dice que se dirigiría una hostilidad inusual contra la mujer por las fuerzas de Satanás.

Ciertamente ha sido así. Desde el huerto de Edén, Satanás ha tenido a las mujeres en la mira. En cada cultura de este planeta han soportado opresión extraordinaria, injusticia y abuso. ¿Por qué? Porque el diablo teme a lo que le podrían hacer. Si María pudo dar a luz a Jesucristo y destruir el reino de las tinieblas, ¿qué podría hacerles un ejército de mujeres, bajo la sombra del milagroso poder del Espíritu, a sus fuerzas demoníacas en esta hora?

Al evangelista argentino Ed Silvoso le gusta llamar a las mujeres: "Las armas secretas de Dios". Sugiere que Satanás teme lo que las mujeres le harán un día.

El diablo sabe que Dios no miente; lo que Dios promete siempre se cumple. Por eso Satanás ha pasado siglos empequeñeciendo a las mujeres y tejiendo una maraña de mentiras en una formidable red mundial de opresión para someterlas. Él sabe que cuando las mujeres descubran quiénes son realmente, su reino maligno terminará abruptamente. Él no puede darse el lujo de permitir que las mujeres caminen con la cabeza levantada. Él necesita desesperadamente mantenerlas agachadas.[7]

Esta es la venganza perfecta de Dios. La mujer que fue engañada por el diablo un día será el instrumento en su derrota final. Posiblemente Dios ha reservado a algunas mujeres para la última gran batalla contra el dragón. La Escritura es clara en que Jesús aplastó la cabeza de la serpiente.

De la misma forma, los ministerios que surjan en la iglesia de los últimos tiempos van a clavarla una estaca a Satanás en la sien; así como lo hizo Jael cuando le clavó una estaca en la sien al comandante enemigo, Sísara (Jue. 4:22-23).

La promesa de Dios es que las mujeres compartirán la victoria. No van a observar la batalla desde la banca, estarán activamente involucradas en este conflicto espiritual. Así que si has sido llamada al ejército del Señor, no te rindas si sientes que has sido marginada o maltratada. Muchas mujeres han pagado un precio más alto que tú, y su ejemplo puede darte esperanza.

Aférrate a las promesas de la Palabra de Dios, y ora por valor para vencer los obstáculos que se levanten en tu camino. Y recuerda: tu enemigo es Satanás, no los hombres, iglesias o denominaciones. No muestres otra cosa que no sea amor hacia los hombres (y mujeres) que te resisten, y bendice a aquellos que mal entiendan tu llamado. Confía en Dios, quien abrirá la puerta para ti en su tiempo.

NOTAS

Introducción

1. Rebecca Price Janney, *Great Women in American History (Una gran mujer en la historia estadounidense)* (Camp Hill, PA: Horizon Books, 1996), 149.

2. *Ibíd.*, 149–150.

3. S. Lewis Johnson, *Role Distinctions in the Church (Distinción de roles en la Iglesia)*, en Wayne Grudem y John Piper, eds. *Recovering Biblical Manhood and Womanhood (Recuperando la hombría y la feminidad bíblicas)* (Wheaton, IL: Crossway, 1991), 154.

Pregunta 1
Perdona a los hombres de tu vida

1. John Kie Vining, *When Home Is Where the Hurt Is (Cuando el hogar es donde se encuentra el dolor)*, (Cleveland, TN: Family Ministries, n.d.), 64.

2. Soraya Chemaly, "50 Facts About Domestic Violence", Huffington Post, 30 d enoviembre de 2012, huffingtonpost.com/Soraya-chemaly/50-actual-facts-about-dom_b_2193904.HTML (consultado en línea 5 de junio de 2014).

3. John Bevere, *La trampa de Satanás*, (Lake Mary, FL: Casa Creación), 67.

4. R. T. Kendall, *Perdón total*, (Lake Mary, FL: Charisma House, 2004), 20–28.

5. *Ibíd.*, 16.

Pregunta 2
¿Quién es el jefe?

1. Catherine Clark Kroeger, "The Classical Concept of 'Head' as 'Source,'" (El concepto clásico de "cabeza" como "fuente") (Apéndice III) en Gretchen Gaebelein Hull, *Equal to Serve (Iguales para servir)* (Grand Rapids, MI: Baker Books, 1998), 279–281.

Pregunta 3
Cuando los hombres se portan mal

1. Carolyn Holderread Heggen, *Religious Beliefs and Abuse* (*Creencias religiosas y el abuso*), en Catherine Clark Kroeger y James R. Beck, eds., *Women, Abuse and the Bible* (*Las mujeres, el abuso y la Biblia*), (Grand Rapids, MI: Baker Book House, 1996), 16–24.

2. Vining, *When Home Is Where the Hurt Is* (*Cuando el hogar es donde se encuentra el dolor*) , 78.

3. James M. y Phyllis Alsdurf, *A Pastoral Response* (*Una respuesta pastoral*), en Anne L. Horton y Judith A. Williamson, eds., *Abuse and Religion: When Praying Isn't Enough* (*El abuso y la religión: Cuándo la oración no es suficiente*), (Lexington, MA: Lexington Books, 1988), 225–226.

4. Heggen, "Religious Beliefs and Abuse" ("Creencias religiosas y el abuso"), en *Women, Abuse and the Bible* (*Las mujeres, el abuso, y la Biblia*), 26.

Pregunta 4
¿Casada...con niños?

1. Juan Wesley, *The Works of John Wesley* (*Los trabajos de Juan Wesley*) (Grand Rapids, MI: Zondervan, 1958), 1:386, citado en Ruth Tucker y Walter Liefeld, *Daughters of the Church: Women and Ministry from New Testament Times to the Present* (*La hijas de la Iglesia: Las mujeres y el ministerio en el Nuevo Testamento*) (Grand Rapids, MI: Zondervan, 1987), 238.

2. *Ibíd.*, 242.

3. *Ibíd.*, 238.

4. Catherine Booth, *Life and Death, Being Reports of Addresses Delivered in London* (*La vida y la muerte*) (London: Salvation Army, 1883), 11, citado en Tucker y Liefeld, *Daughters of the Church* (*Hijas de la Iglesia*), 267.

5. María Woodworth-Etter, *A Diary of Signs and Wonders (Un diario de señales y maravillas)* (1916, reimpresión Tulsa, OK: Harrison House, 1981), 26.

Pregunta 5
Pañales y guarderías

1. Hull, *Equal to Serve (Iguales para servir)*, 161.

2. About.com, "Golda Meir", (consultado en línea el 6 de junio de 2014).

3. Thetus Tenney, *The Seasons of a Woman's Life (Las etapas de la vida de una mujer)*, (octubre/noviembre de 1998): 24, (consultado en línea el 6 de junio de 2014).

Pregunta 6
El dilema de la mujer trabajadora

1. "Amanda Green, "19 Things You Might Not Know Were Invented by Women", http://mentalfloss.com/article/53164/19-things-you-might -not-know-were-invented-women, (consultado en línea el 6 de junio de 2014); Jadcommunications.com, "Scientific and Inventive Superstars of the Twentieth Century," http://www.jadcommunications.com/articles/ womeninventors.htm (consultado en línea el 6 de junio de 2014); Wikipedia, "Bessie Blount Griffin", http://en.wikipedia.org/wiki/Bessie_ Blount_Griffin (consultado en línea el 6 de junio de 2014).

2. Jackson Ekwugum, *10 Most Influential Christians in 2000 (Las 10 cristianas más influyentes en el 2000)* Lifeway (enero/febrero de 2003): 44–45.

3. *Transformations II: The Glory Spreads*, producido por George Otis Jr., The Sentinel Group, Seattle, Washington. Copyright © 2002, DVD.

Pregunta 8
Cuando el matrimonio y el ministerio
entran en conflicto

1. Edith L. Blumhofer, *Aimee Semple McPherson: Everybody's Sister* (*La hermana de todos: Aimee Semple McPherson*) (Grand Rapids, MI: Eerdman's, 1993), 77.

2. *Ibíd.*, 105.

3. *Ibíd.*, 131.

4. Charles Trombley, *Who Said Women Can't Teach?* (*¿Quién dice que la mujer no puede enseñar?*) NJ Gainesville, FL: Bridge-Logos, 1985, 172.

5. Bob Sorge, *The Fire of Delayed Answers* (*El fuego de las respuestas tardías*) (Grandview, MO: Oasis House, 1996), 60.

Pregunta 9
Un aplauso para las mujeres solteras

1. Martin Luther, citado en Will Durant, *The Reformation: A History of European Civilization from Wycliffe to Calvin, 1300–1564* (*La reforma: Una historia de la civilización europea desde Wycliffe hasta Calvino*) (Nueva York: Simon y Schuster, 1957), 416, citado en Tucker y Liefeld, *Daughters of the Church* (*Hijas de la Iglesia*), 173.

2. Linda Belleville, *Women Leaders and the Church* (*Las mujeres líderes y la Iglesia*) (Grand Rapids, MI: Baker Book House, 2000).

3. Billy Bruce, *"When the Men Didn't Go, These Women Did"* (*"Cuando los hombres no fueron, las mujeres sí"*), Revista Charisma (diciembre de 2000): 52.

4. *Ibíd.*

Pregunta 10
Las mujeres no son suplentes

1. Robert Speer, *Servants of the King (Siervos del Rey)* (Nueva York: Interchurch, 1909), 144, citado en Tucker y Liefeld, *Daughters of the Church (Hijas de la Iglesia)*, 304.

Pregunta 11
Juego de roles y otros juegos tontos

1. John Milton Williams, "Woman Suffrage" ("Sufragio Femenino"), Bsac 50, abril de 1893, 343, en Carroll D. Osborn, ed., *Essays in Women in Earliest Christianity, Vol. II (Ensayos acerca de las mujeres a principios del cristianismo, Vol. II)*, (Joplin, MO: College Press, 1995), 461.

2. *Ibíd.*, 460.

3. "Women and the Industrial Revolution" ("Las mujeres y la Revolución Industrial"), *Watchman-Examiner* 8, no. 9 (26 de febrero de 1920), en *Essays in Women in Earliest Christianity (Ensayo acerca de las mujeres a principios del cristianismo)*, 461.

Pregunta 12
Atrévete a ser una pionera

1. Hull, *Equal to Serve (Iguales para servir)*, 141.

2. Gilbert Bilezikian, *Beyond Sex Roles (Más allá de los roles sexuales)* (Grand Rapids, MI: Baker Book House, 1985), 143–144.

3. Para más información acerca de Jackie Holland, leer a Carol Chapman Stertzer, "No Longer a Victim" ("No más una víctima") Revista *Charisma* (marzo de 2001).

4. Para más información acerca de Danita Estrella, leer a Mary Hutchinson, "How One Woman Took Hope to Haiti" (Cómo una mujer llevó la esperanza a Haití), Revista *Charisma* (julio de 2001).

5. Para más información acerca de Diane Dunne, leer a Peter K. Johnson, "New York's Homeless Pastor" ("El desamparado pastor de Nueva York"), Revista *Charisma* (diciembre de 2002).

6. Para más información acerca de Suzette Hattingh, leer a Tomas Dixon, "She Dared to Claim a Continent" ("Se atrevió a reclamar un continente") Revista *Charisma* (octubre de 2002).

7. Para más información acerca de Cathi Mooney, leer a Steve Lawson, "Reaching San Francisco's Deadheads", (Alcanzando a los jóvenes drogadictos y metaleros sin hogar de San Francisco) Revista *Charisma*, abril de 2000), http://www.beliefnet.com/Love-Family/2000/05/Reaching-San Franciscos-Deadheads.aspx (consultado en línea el 7 de junio de 2014).

Pregunta 13
Hombres fuertes, mujeres débiles

1. Philo, "Questions on Genesis" ("Preguntas del Génesis"), Libro I, 33, citado en Tucker y Liefeld, *Daughters of the Church (Hijas de la Iglesia)*, 63.

2. John Winjngaars, "Greek Philosophy on the Inferiority of Women" ("Filosofía griega acerca de la inferioridad de las mujeres") http://www.womenpriets.org/traditio/infe_gre.asp (consultado en línea el 7 de junio de 2014).

3. *Ibíd.*

4. *Ibíd.*

5. Trombley, *Who Said Women Can't Teach? (¿Quién dice que las mujeres no pueden enseñar?)*, 234.

6. Harold J. Chadwick y John Foxe, *The New Foxe's Book of Martyrs (El nuevo libro de Foxe acerca de los mártires)*, (North Brunswick, NJ: Bridge-Logos Publishers, 1997), 344.

Pregunta 14
¿Qué hacemos con Débora?

1. Katherine C. Bushnell, *God's Word to Women (La Palabra de Dios para las mujeres)* (Mossville, IL: God's Word to Women Publishers, 1923), 286.

2. Grudem y Piper, eds., *Recovering Biblical Manhood and Womanhood (La recuperación bíblica de la masculinidad y la feminidad)*, 72.

3. *Ibíd.*, 216

4. *Ibíd.*

5. Sue y Larry Richards, *Every Woman in the Bible (Cada mujer en el Biblia)* (Nashville: Thomas Nelson Publishers, 1999), 94.

Pregunta 15
El club de los muchachos

1. Trombley, *Who Said Women Can't Teach? (¿Quién dice que las mujeres no pueden enseñar?)*, 34.

Pregunta 16
¿A las mujeres mayores se les debe llamar ancianas?

1. Richard y Catherine Kroeger, *Women Elders: Called by God? (Las ancianas: ¿son llamadas por Dios?)* (Louisville, KY: Women's Ministry Unit, Presbyterian Church, U.S.A., 1980), 16.

2. John Chrysostom, *Commentary on Romans: Nicene and Postnicene Fathers (Comentario sobre Romanos: padres nicenos y posnicenos)*, Primera Series, XL, 555, citado en Krueger, *Women Elders: Called by God? (Las ancianas: ¿son llamadas por Dios?)*, 17.

3. Kroeger, Women Elders: Called by God?

4. *Ibíd.*, 21. La palabra griega empleada aquí es *hieroprepeis*, que significa "actuar como sacerdotisa".

5. *Ibíd.*, 21.

6. *Ibíd.*, 18.

7. *Ibíd.*

Pregunta 17
¡Shhhh! ¡Silencio, chicas!

1. Walter C. Kaiser Jr., "Shared Leadership" ("Liderazgo compartido"), *Christianity Today* (*El cristianismo hoy*) (3 de Octubre de 1986): 124; Joseph H. Thayer, *Thayer's Greek-English Lexicon of the New Testament* (*Léxico Thayer's del Nuevo Testamento*) (Nashville: Broadman Press, 1977), 275. Nota del autor: Los estudiosos del tema han debatido acerca de la autenticidad de 1 Corintios 14:34-35, debido a que estos dos versículos han sido cambiados de lugar en diversas versiones. Los primeros manuscritos ubican este pasaje después del versículo 40, es por eso que los eruditos han dicho que estos dos versículos en particular fueron agregados después de que Pablo lo redactó, por un copista. El teólogo Gordon Fee, por ejemplo, argumenta que aquellos quienes reiteran que Pablo escribió estos dos versículos, no podrán explicar adecuadamente el porqué después fueron cambiados de lugar. La opinión del autor es que Pablo agregó estos versículos al pasaje porque estaba citando una carta que él había contestado anteriormente.

2. Notes, The New American Standard Study Bible (*La Biblia de estudio New American Standard Bible*), Kenneth Barker, gen. ed., (Grand Rapids, MI: Zondervan, 1999), 1390.

3. Trombley, *Who Said Women Can't Teach?* (*¿Quién dice que las mujeres no pueden enseñar?*), 29

4. *Ibíd.*, 29–37

5. *Ibíd.*, p. 37

Pregunta 18
Todo es culpa de Eva

1. Tucker y Liefeld, *Daughters of the Church* (*Hijas de la Iglesia*), 103.

2. Trombley, *Who Said Women Can't Teach?* (*¿Quién dice que las mujeres no pueden enseñar?*), 203.

3. *Ibíd.*, 205.

4. *Ibíd.*, 202.

5. *Ibíd.*, 206.

6. Bilezikian, *Beyond Sex Roles* (*Más allá de los roles sexuales*), 180.

7. Richard y Catherine Clark Kroeger, *I Suffer Not A Woman* (*No le permito a la mujer*), (Grand Rapids, MI: Baker Book House, 1992), 99–113.

8. Loren Cunningham y David Hamilton, *Why Not Women?* (*¿Por qué no las mujeres?*) (Seattle, WA: YWAM Publishing, 2000).

Pregunta 19
Cubierta...¿o encubierta?

1. Helen Barrett Montgomery, *Western Women in Eastern Lands* (*Mujeres occidentales en tierras orientales*) (Nueva York: Garland, 1987).

2. Grudem and Piper, eds., *Recovering Biblical Manhood and Womanhood* (*Recuperando la hombría y la feminidad bíblicas*).

3. Tucker and Liefeld, *Daughters of the Church* (*Hijas de la Iglesia*), 301.

4. *Ibíd.*, 302.

5. Bilezikian, *Beyond Sex Roles* (*Más allá de los roles sexuales*), 161.

Pregunta 20
Cuando las mujeres están a cargo

1. Janet y Geoff Benge, *Hudson Taylor* (Seattle, WA: YWAM Publishing, 1998), 17.

2. Earl O. Roe, ed., *Dream Big: The Henrietta Mears Store* (*La historia de Henrietta Mears*) (Ventura, CA: Regal, 1990).

3. Richard and Catherine Clark Kroeger, *I Suffer Not a Woman* (*No le permito a la mujer*), (Grand Rapids, MI: Baker Book House, 1992), 87–98.

4. *Ibíd.*, 103.

Pregunta 21
¿A quién le está diciendo Jezabel?

1. John Foxe, *The New Foxe's Book of Martyrs (El nuevo libro de Foxe acerca de los mártires)* (Chicago: Moody, n.d.), 542–546.

2. Tucker and Liefeld, *Daughters of the Church (Hijas de la Iglesia)*, 223.

3. Estadísticas del 2001, *International Church of the Foursquare Gospel*, tomada de la internet en www.foursquare.org.

4. Tucker and Liefeld, *Daughters of the Church*, 259.

Pregunta 22
Pastorado con lápiz labial

1. Grudem and Piper, eds., *Recovering Biblical Manhood and Womanhood (Recuperando la hombría y la feminidad bíblicas)*, 72.

Pregunta 23
El estigma del divorcio

1. Craig Keener,... *And Marries Another (...y casarme otra vez)* (Peabody, MA: Hendrickson Publishers, 1991), 88.

2. *Ibíd.*, 66.

3. Ken Walker, "The Scarlet Letter 'D'" ("'D', la letra escarlata") Revista *Ministries Today (Los ministerios hoy)* (marzo/abril de 1997): 40–41.

Pregunta 24
Decisiones difíciles

1. Carol Chapman Stertzer, "Angels in Afghanistan," Charisma (September 2002), 46, http://www.charismamag.com/site-archives/146-covers/cover-story/715-angels-in-afghanistan (consultado en línea el 7 de junio de 2014).

Pregunta 25
No te canses de la Iglesia

1. Ken Gill, "From Slave to Evangelist" ("De esclava a evangelista") en John D. Woodbridge, ed., *Ambassadors for Christ (Embajadoras de Cristo)*, (Chicago: Moody Press, 1994), 60–62.

2. *Amanda Smith: An Autobiography (Amanda Smith: una autobiografía)* (Chicago: Meyer and Brothers, 1893), 281, citado en Tucker and Liefeld, *Daughters of the Church (Hijas de la Iglesia)*, 271.

3. *Ibíd.*

4. *Ibíd.*

5. Harold Ivan Smith, "The Teacher Who Tamed the Klan" ("La maestra que domó al Klan"), en Woodbridge, ed., *Ambassadors for Christ (Embajadores de Cristo)*, 87–88.

6. Maria Nilsen, Malla Moe (Chicago: Moody Press, 1956), 143, en Tucker and Liefeld, *Daughters of the Church (Hijas de la Iglesia)*, 309.

7. Ed Silvoso, *Women: God's Secret Weapon (Mujeres: el arma secreta de Dios)* (Ventura, CA: Regal Books, 2010), 14-15.

LECTURAS SUGERIDAS

Belleville, Linda L. *Women Leaders and the Church: Three 3 Crucial Questions.* Grand Rapids, MI: Baker Book HousePublishing Group, 2000.

Bilezikian, Gilbert. Beyond Sex Roles: *What the Bible Says About a Woman's Place in Church and Family.* Grand Rapids, MI: Baker Book House Publishing Group, 2006.

Bristow, John Temple. *What Paul Really Said About Women.* San Francisco New York, CA:: Harper Collins San Francisco, 1991.

Bushnell, Kathaerine C. *God's Word to Women.* Mossville, IL: God's Word to Women Publishers, 1923.

Cunningham, Loren, and David J. Hamilton. *Why Not Women? A Biblical Study of Women in Missions, Ministry, and Leadership.* Seattle, WA: YWAM Publishing, 2000.

Grady, J. Lee. *10 mentiras que la Iglesia le dice a las mujeres.* Lake Mary, FL: Casa Creación, 2001.

Groothuis, Rebecca Merrill. *Good News for Women.* Grand Rapids, MI: Baker Book House, 1997.

Hoppin, Ruth. *Priscilla's Letter: Finding the Author of the Epistle to the Hebrews.* N.p.: Lost Coast Press, 2009.

Hull, Gretchen Gaebelein. *Equal to Serve: Women and Men Working Together Revealing the Gospel.* Grand Rapids, MI: Baker Book House, 1998.

Jantz, Gregory L. *Healing the Scars of Emotional Abuse.* Grand Rapids, MI: Fleming H. Revell,Baker Publishing Group, 2009.

Keener, Craig S. *Paul, Women and Wives: Marriage and Women's Ministry in the Letters of Paul.* Peabody. MA: Hendrickson Publishers, 1992.

———, *…And Marries Another: Divorce and Remarriage in the Teaching of the New Testament.* Peabody, MA: Hendrickson Publishers, 1991.

Kroeger, Catherine Clark, and James R. Beck. *Women, Abuse and the Bible*. Grand Rapids, MI: Baker Book House, 1996.

Kroeger, Catherine Clark, and Al Miles. *Domestic Violence: What Every Pastor Needs to Know*. Minneapolis, MN: Fortress Press, 2011.

Kroeger, Catherine Clark, and Richard Clark Kroeger. *I Suffer Not a Woman: Rethinking 1 Timothy 2:11–15 in Light of Ancient Evidence*. Grand Rapids, MI: Baker Book House, 1992.

Silvoso, Ed. Women: *God's Secret Weapon*. Ventura, CA: Regal Books, 2001.

Trombley, Charles. *Who Said Women Can't Teach?* Gainesville, FL: Bridge-Logos Publishers, 1985.

Tucker, Ruth A., and Walter Liefeld. *Daughters of the Church: Women and Ministry from New Testament Times to the Present*. Grand Rapids, MI: Zondervan, 1987.